なんで
中学生のときに
ちゃんと
学ばなかったん
だろう…

現代用語の基礎知識・編
おとな の 楽習
13

体育 の おさらい

自由国民社

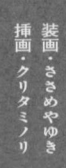

装画・ささめやゆき
挿画・クリタミノリ

はじめに

「体育」という言葉を聞くと、まずは「かけっこ」が頭に浮かびませんか？

幼稚園や小学校で「ヨーイ、ドン」でゴールまで走り、1等賞になるとノートや鉛筆をもらえた。そのとき、トップだったら「体育大好き」、ビリだったら「運動嫌い」になってしまうほど、その後の人生に影響しているのではないでしょうか。

その結果が悪いとトラウマになっちゃうんですね。

運動神経なんて言葉がちらつきます。私って運動神経がないから、といって体育の授業が大嫌いになったり…。

幼稚園や小学校の頃には戻れないけれど、本書を読んで中学の体育の授業で習ったことを思い出し、最近ドンドン出てきた新しいメソッドを参考にして、もう一度おさらいすれば、運動大好きな人はもちろん、「運痴」と思っている人も、きっと楽しく身体を動かしたくなること請け合いです。

野球のイチロー選手、サッカーの中田英寿選手など、身の回りには、スポーツによって人気者になった人も大勢います。旧世代は「学問」が出世の早道だったのですが、現代はスポーツでも世に出られるのです。収入の面から考えてもスポーツマンは恵まれ

ます。「体育」の授業は、実はとても貴重なものだったとは思いませんか。

　かけっこに始まる体育には、「競技」という感覚がつきまといます。勝つことに価値をおきすぎるきらいがありました。それが嫌いという人もいるのではないですか？

　考え方を変えてみましょう。ダイエットに役立つフィットネスだって、原点は体育の授業です。いまやスポーツクラブは大隆盛。スタジオレッスンには人があふれ、プールではかなり年配の方がウォーキングで身体を動かしています。パーソナルトレーナーを頼んで、体つくりに励むことも一般的になりつつあります。

　スポーツを毎日の暮らしに取り入れて、健康で快調な日常を手に入れ、フィットネスで、自分の理想の身体をデザインし、筋トレやストレッチで身体を自由自在に使えるようにする……、趣味で楽しむスポーツのパフォーマンスも一気に向上しますよ。この本には、そのためのヒントをたくさん詰め込んだつもりです。

　他者に勝つことが目的の鍛錬ではなく、健康や美しい体を手に入れるために、生涯スポーツを楽しむために、楽しく身体を動かし、自分の身体探検ワールドに興味を持ってもらえれば、この本を読んだ価値があるというものです。

　さあ、たくさん運動を楽しんで快適な身体を手に入れてください！

体育のおさらい
もくじ

はじめに‥‥‥5

基本のき

速く走る‥‥‥12
長く走る‥‥‥15
泳ぐ‥‥‥19

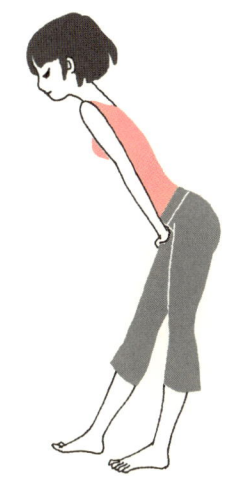

体つくり

体ほぐし‥‥‥24
ストレッチ‥‥‥26
ストレッチの例‥‥‥28
コアトレ‥‥‥38
筋トレ‥‥‥44
ダンベルによる筋トレ‥‥‥50
最新のトレーニング技術‥‥‥56
スポーツと呼吸‥‥‥59

陸上競技

短距離走‥‥‥64
長距離走‥‥‥69
遠くへ跳ぶ‥‥‥73
高く跳ぶ‥‥‥77

水泳

泳げれば世界が広がる‥‥‥82
クロール‥‥‥84
平泳ぎ‥‥‥88
背泳ぎ‥‥‥91
バタフライ‥‥‥94

球技

ボールゲームの楽しさ‥‥‥98
サッカー‥‥‥102
バレーボール‥‥‥110
テニス‥‥‥118
ソフトボール‥‥‥124

武道・ダンス

日本古来の伝統文化······150
古武術の動き······152
柔道······156
ダンス······161

生涯スポーツ

一生スポーツを楽しむ······170
テーピング······172

おわりに······175

参考文献

＊以下の書籍から、貴重な示唆をいただきました。紙幅の関係で代表的なものだけです。

小林敬和編著『からだづくりのサイエンス』メトロポリタン出版発行：星雲社発売
鈴木正之著『高齢者のための筋力トレーニング』黎明書房
為末大『日本人の足を速くする』新潮新書
『速く走る！ トレーニングBOOK』成美堂出版
小林敬和編著『ボディバランスを獲得する スタビライゼーション』山海堂
William E.Prentice,Daniel D.Arnheim著／岩崎由純監訳『＜新版＞トレーナーズ・バイブル』医道の日本社
大澤清二監修『いろいろなスポーツ 技とコツ』教育画劇
石井直方・谷本道哉『体脂肪が落ちるトレーニング』高橋書店
吉永孝徳監修『1日10分カラダ引き締め 筋トレ＆ストレッチ』永岡書店
金哲彦『からだが変わる体幹ウォーキング』平凡社新書
水口高志『足を速くするにはコツがある』保健同人社
山本豪『イラスト版 体育のコツ──運動が得意になる43の基本レッスン』合同出版
高橋和子（からだ気づき教育研究会監修）『からだ──気づき学びの人間学』晃洋書房
佐々木秀幸『図解コーチ陸上競技』成美堂出版
荒木汰久治『うまくなる！ 水泳』西東社
長谷川健太『うまくなる！ サッカー』西東社
福原祐三・三屋裕子『バレーボール』池田書店
大石健夫『絶対うまくなるテニス』主婦の友社
宇津木妙子『いちばんわかりやすいソフトボール入門』大泉書店
甲野善紀『身体から革命を起こす』田中聡　新潮社
甲野善紀『古武術に学ぶ身体操法』岩波アクティブ新書
柏崎克彦『技を極める柔道』ベースボールマガジン社
吉本完明『すぐにできるテーピング』山海堂

DVD
「ダンベルエクササイズ ヘルシー編＜最新版＞」監修　木村リミ　コアラブックス
「エンジョイスイミング」社団法人マスターズ水泳協会監修

基本のき

速く走る

　まずは、「はじめに」に書いた「かけっこ」のトラウマをなくすことから始めましょう。

　運動神経なるものは、そういった神経があるわけではなく、暮らしの中で身につくものだったのです。きっと原始人は、獲物を追いかけたり、恐いものから逃げたりするためにひたすら走ったのでしょう。足が速いほうが生き延びる確率が高かった……だから「より速く」は、スポーツの考え方の一番最初に語られるわけです。

　子どもの頃、野山を駆け回ったり、そういう環境にない都会の子どもでも、外遊びが好きだったりすると、だんだんと身のこなしが素早くなり、学校でのスポーツにもすぐに適応できます。これが運動神経の良い子をつくるメカニズムです。

　どんなスポーツでも、「練習は裏切らない」のです。同じことをくり返すうちに、必要な筋肉が発達し、脳がその動きを覚えてスムーズに体を使えるようになります。脳の神経回路と体の動きを連動させることの重要性が、最近の研究で明らかになってきています。

　現在では、そこここを全力で走る日常のチャンスはそうないで

しょうから、近代的に「走る」という動作を解体して、それぞれの筋肉の動きを脳に教え込むことから始めてみましょう。

たぶん学校の授業では、「ももを上げろ」と教えられたのではないですか。

もちろんこれは正しいのですが、腹筋がしっかりしていない人がももばかり上げようとすると、上体が反ってしまい、かえって前に進む推進力を失うという弱点もあります。

日本人で、陸上短距離種目初の世界選手権でのメダルを獲得した為末大選手は、日本人の骨格の特徴から「前に倒れるようにし、転倒しないように足を出す」という考え方をしています。これなら十分に前傾姿勢を保てるわけです。

腹筋に力を入れて、なるべく体を一本の棒のようにして前に倒れ、ギリギリのところで足を出して体を支える。腹筋に力を入れる感覚は、トイレを我慢するようなイメージです。専門的な言葉で言えば骨盤底筋を意識するのですが、自然体で立つにもこの筋肉を意識すると良いと為末選手は言っています。

本当に転んでしまう危険がありますので、最初は補助者に前に立ってもらって、危険なときは受け止めてもらってください。

次は、蹴り脚の引きつけです。地面を蹴った足のかかとがお尻にぶつかるくらい、引きつけられれば、強い推進力を得られます。筋トレでいう「レッグ・カール」を立った形で応用するわけです。

自然体で立った姿勢から、両手の甲をお尻に当てます。かかと

が手のひらに当たるように歩くことからはじめ、だんだん走るようにします。音楽に合わせてとか、仲間に手拍子してもらうとか、リズムに合わせて行うと効果的です。

うまくできないと思ったら、後ろ向きで歩くことを繰り返してから試してみましょう。体の後ろ側の筋肉が強いほうがやりやすいのです。また、ももの前側（大腿四頭筋）のストレッチ（→ 34 ページ）も有効です。ここが硬いとかかとがお尻につきません。

続いて「腕振り」も入れましょう。

ひじを約 90 度に曲げて、脇を締め、左右交互に手を振ります。肩が中心だと意識して手のこぶしが口元に来るくらいが良いでしょう。あまり振りが大きくても小さくてもダメです。慣れてきたら、500ml のペットボトルに水を入れたものを持ってとか、1kg くらいの軽いダンベルを持ってやってみてください。

短距離選手のたくましい肩の筋肉や、上体の筋肉を思い出してみると、走るときの上半身の重要さがわかります。

先ほどのかかとでお尻蹴りの練習に腕振りを合体させて脳に教え込みましょう。

「もも上げ」を意識するのは、この後でも良いと思います。

速く走ることは、多くのスポーツ種目のパフォーマンスを向上させます。このやり方で、今より「より速く」走れれば、違った世界が見られるかもしれません。

長く走る

　長く走るといえば、典型的なイメージはマラソンです。アテナイとペルシャの「マラトンの戦い」にアテナイが勝利したことを伝える使者が走ったとされる、気の遠くなるような昔の故事から、フルマラソンは、42.195kmという距離になりました。

　市民ランナーに開放されて、3万人もの参加者を集めた東京マラソンのコースでイメージしてみると、西新宿の都庁前をスタートし、皇居から品川まで行って折り返し、銀座から下町浅草を通過して、築地から市場移転予定の豊洲を通って東京ビッグサイトでゴールです。これだけ回って優勝者は、2時間10分前後ですから、スゴイ！

　ハーフマラソンをはじめ、10km、5kmと参加者の体力別に距離を決め、参加できるイベントが増えていることも、最近のマラソン人気を支えているのでしょう。

　市民ランナー向けの大会も各地で行われています。マラソンを楽しむ人々の間で、「フルマラソン3時間ぎり」などという目標が語られたりするように、記録に挑戦する人、ランニングハイを楽しむ人、体を絞るのを目標にする人、様々な動機でゆったり長い時間を走りたいという人が多くなっているのです。

短距離走と長距離走では、爆発的に力を出し筋肉のパワーを瞬間的に使うか、ゆったりと持久的に使うかの違いがあります。専門的には、筋肉には「赤繊維筋（赤筋）」と「白繊維筋（白筋）」があり、「赤筋」は持続力を発揮しやすく、「白筋」は、短い時間で大きなパワーを出しやすい性質を持つとされています。

　くり返されるトレーニングによりそれぞれの筋肉が発達していくわけなので、短距離走の選手と長距離走の選手では体つきがまるで違ってくるのです。だから、長く走りたければ、長く走るトレーニングを多くしたほうが良いといえます。

呼吸のリズム

　短距離走との大きな違いは、呼吸法でしょう。呼吸のリズムは何種類かありますので、いろいろ試してみて、ご自分に合うものを見つけてください。もちろん走っている途中で呼吸法を変えたほうが楽なら、それも良いと思います。

「スッ、スッ、ハッ、ハッ」
２回吸って、２回吐く
「スッ、スッ、ハー」
２回吸って、大きく１回吐く。変形として４回吸って、１回吐くヴァージョンも。
「スー、ハッ、ハッ」
大きく１回吸って、２回吐く。変形ヴァージョンも。

呼吸法で大事なのは、吐くことに意識を高めることです。そうすれば自然と吸うほうが付いてきます。

長い時間走る時に大切なことは、ご自分の体力と体調を知るということです。それに合った速度や時間を考え、周りの景色や風を楽しめるくらいから始めましょう。

走る前には、ウォーミングアップとして、十分、下半身を伸ばし（一例は→ 32 ページ）、「さぁ走るぞ」と体に言い聞かせるように軽く走り始めましょう。

音楽を聞きながら走る

携帯サイトには、ジョギングに関する情報や、リズムを作ってくれる音楽をダウンロードできるサイトもあります。ネットでも音楽をダウンロードできますし、CD も出ていますので、携帯プレーヤーで音楽を楽しみながら走るのも良いですね。

長い時間走るときは、途中の水分補給も忘れずに。のどが渇く前にこまめに飲みましょう。

さぁ、レースに出たいなんて気持ちになってきましたか？

まずは、無理のない距離を選択しましょう。

たいていの大会では、制限時間なるものが設けられています。たとえば、10 キロを 1 時間 30 分以内で完走できるなどという目安が参加資格に書いてありますので、それを参考にしてください。

東京マラソンに、元横綱・曙関がテレビ局の企画で参戦すべく

トレーニングをしていたそうですが、練習過程で「とても無理」として出場を取りやめたそうです。実際、松村邦洋さんの事故も起こったのですし、体重の重い方は心肺機能への負担が大きいので、まずは体を絞ることに専念し、レース参加は次の目標にされることをお奨めします。

　レースに参加する場合は、レースの「高速化」に合わせて、ゆっくり長い時間を走るトレーニングだけでなく、「速いスピードで走る」トレーニングを挟んだほうが良いとされています。

　レースの日から逆算して、トレーニング計画を作ったほうが良いでしょう。日本を代表するランナーのトレーニング計画も紹介されています。参考にして計画してください（→72ページ）。アマチュアランナーは、休息日も必ず設けましょう。

　長く走っていると、脳内に快感物質が出て「ランニングハイ」を体感できるという報告もされています。免疫力が向上するという説もあります。体脂肪が燃焼してスリムな体になるという楽しみもあるでしょう。長い時間(Long)、ゆっくり（Slow)、距離（Distance）を走るのをLSD走法といいますが、ジョギングからレース参加まで大いに楽しんでください。

泳ぐ

　「泳げない」というのは、体育にまつわるトラウマの大きなひとつになっているのではないでしょうか。25m泳げなければ単位をあげないとか、遠泳大会があって2km泳げなければ海でおぼれてしまうなどの恐怖がよみがえる読者もいらっしゃるのでは。根性体育の弊害です。楽しくやらなくちゃ。

　本来、水遊びは楽しいはずです。もっと自然が豊かだった頃、子どもたちは学校のプールで泳ぎを覚えたのではなく、川や海でいつの間にか泳げるようになっていたはずです。

　今では一部地域を除いて、無理な話ですが。

　泳げない人は、まず水に慣れましょう。水が恐いといってもシャワーを浴びたり、お風呂に入ったりはされますよね。気持ち良いものではありませんか。

　プールには波もありませんし、監視員もいるのでおぼれる心配もありません。スイミングキャップやゴーグルの着用を義務づける所も多いので、水の中で目が開けないという典型的なウィークポイントもクリアできます。

　最初は、水中ウォーキングから始めましょう。

水中ウォーキング

〇**「前歩き、後ろ歩き」** 歩幅を大きく取って、上体のバランスが崩れないようにしながら歩きましょう。手で水をかくイメージを大切に。後ろ歩きも入れましょう。

〇**「横歩き(カニ歩き)」** 脚を交差させて横に大股で歩きます。向きを変えて左右のバランスを保つように気をつけましょう。脚を交差させず、進む側の脚に引きつける歩き方も同様です。

水中バブリング

　体が水になじんだら、最大の障害である「息つぎ」の練習を始めましょう。泳ぎながら息ができないのには２つの理由があります。息ができず、水を飲んでおぼれるという恐怖に繋がらないように、この理由を取り除けばよいのです。

　１つめの理由は水の中で息を吐き、空中で息を吸うというリズムがうまくつかめないことです。「水中バブリング」を練習しましょう。

　プールの中、お風呂の中、洗面器、何でも使って顔を水につけ、口からブクブクと息を吐きます。吐き終わったら、空中に顔を出し「パッ」と息を吸いましょう。「ブクブク、パッ」をリズミカルにくり返し、脳に感じを覚え込ませるのです。うまく息を吐ければ、自然と息は吸えます。人間の本能を信じましょう。

２つめの理由は、水にうまく浮けていないので、空中で「パッ」と息を吸おうとするとき、体が沈んで水を飲んでしまうというパターンです。

　まずは、楽に浮くことからです。人間の体は、リラックスして力を抜けば自然と水に浮くようにできています。唯一力を入れるのは、「速く走る」でもふれた腹筋(→13ページ)だけで良いのです。トイレを我慢する感じです。腹筋が抜けてしまうと体が反ってしまい、頭が沈む原因を作るのです。

　水に浮くのは気持ちの良いものです。そのリラックス効果を売りにしている、タラソテラピー（海洋療法）の施設だってあるくらいです。

けのび浮き

　ビート板を持って十分息を吸い、プールの壁を両足で蹴って、体が棒になったようなイメージでまっすぐ伸びます。腹筋以外の体の力を抜き、両腕で耳を挟むようにします。目線は、プールの底。呼吸に無理のない範囲で水に漂い、浮いている感じを脳に覚えさせましょう。

　慣れてきたら、ビート板を持たず、両腕をまっすぐ前に伸ばす感じでトライしてください。次ページのイラストでイメージをつかんでください。

背浮き

　ビート板を胸に抱えて仰向けに、体が棒になったようなイメージでつま先までまっすぐ伸びます。目線は天井、腹筋以外の体の力を抜き、水に漂うのです。お尻が落ちないように。こちらは息つぎの心配がないので、長く浮いていられます。慣れてきたら、ビート板を持たずに体を「大の字」にして浮いてみましょう。

　けのび浮きにバタ足を付ければ、「面かぶり」という泳ぎ方になります。前に伸ばした腕をお腹のほうに水を押してかいこみ、頭を出して息つぎをします。この時も背中より腹筋、背筋を意識して、上体を上げるようにしましょう。

　テレビで見る水泳とは違う泳法なので、あまりかっこ良くはないですが、これで「泳げる」と胸を張れるようになりました。

　ここでは、基本として水になれる、水に浮いて進むところまでにして、オリンピック種目である「クロール」「平泳ぎ」「背泳ぎ」「バタフライ」などの泳法は、後ろのページに譲ることにします（→81ページ）。

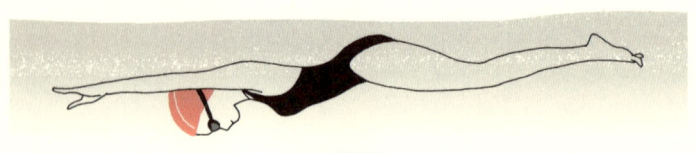

けのび浮き

体つくり

体ほぐし

　どんなスポーツをするときでも、「いきなり」はありえませんよね。

　まずは、体をほぐす。心臓や呼吸、体の関節や筋肉が「さぁやるぞ」と言っているように思えるレベルにウォーミングアップすることは、スポーツ選手ならみんな行っていることです。

　体がほぐれていくと心もほぐれていきます。

　ウォーミングアップをしていると、だんだん身のこなしが楽になり、ストレスが減っていく感じがすることだってあります。

　それなら、スポーツのウォーミングアップのためだけじゃなく、毎日の生活にも体ほぐしを取り入れていけば、快適になるんじゃないかな、なんて思いませんか。

　体ほぐしの具体例として、最初に思いつくのは、「ラジオ体操」です。夏休みの朝など、学校の校庭に通ってスタンプを押してもらったなんて経験をお持ちの読者もいるのではないですか。

　NHKの教育テレビで、朝6時30分からなど、「テレビ体操」が1日に何回か放映されています。時間にとらわれるのがいやなら、DVDに録画していつでも音楽と模範演技つきで、体を動かすことができます。

第一体操と第二体操がありますが、ウォーミングアップにはほとんど第一体操が使われます。でも、どちらも、全身の筋肉を部位ごとに伸ばしたり、縮めたりしてバランス良く動かせるように工夫されています。

　近年、体力のない人や年配の方には、ちょっときついという声もあり、「みんなの体操」が取り入れられました。ラジオ体操より穏やかな動きで、ゆっくりと血行を良くし、心肺機能を高めていくような運動です。

　ラジオ体操そのものにも、少し楽にできるよう椅子に座ったまま行う模範演技も取り入れられました。これなら、お年寄りやケガでリハビリ中の方も楽しむことが可能というわけです。

　筆者は、朝6時半の放映に合わせてこの体操をするのが好きです。ゆっくりと深い呼吸をくり返すことで体中の血の巡りが良くなり、手足を動かすことで筋肉のこわばりがとれて、体に爽快感がみなぎります。

　「さぁ、これからの1日が快適になるぞ」という船出の気分が味わえるのです。

　この他、体をほぐす運動として典型的なものに、ウォーキング、ストレッチ、ヨガなどがあります。最近ブームのフラダンスなどの「ゆるダンス」も良いかもしれませんね。

　近年は、医療費抑制のために、「ゆる体操」を取り入れる自治体も増えてきました。体をほぐして、まずは健康な生活です。

ストレッチ

　ストレッチは、体のあらゆる部分の筋肉を伸ばすことによって、その部分の血流を良くし、体の柔軟性を高めます。毎日続けていけば、関節の可動域が広がり、大きな動きができるようになるだけでなく、しなやかで強い筋肉を作ることができます。

　アスリートのパフォーマンスを向上させるのはもちろん、ケガの予防にも効果があるとされています。ストレッチの効果のひとつとして、筋肉が萎縮することを抑える効果もあるので、大きなフォームで動いて、とっさに足が滑ったりしても即応できる体を作ることができるのです。

　スポーツ前のウォーミングアップだけでなく、毎日の生活でも軽やかで美しく動けるようになること請け合いです。ぜひ生活に取り入れてください。入浴後のように体が暖まっているときに行えば、より効果的です。

　一世代前の柔軟体操は、パートナーにぐいぐい押してもらい、反動をつけて深く曲げる形のものでしたが、これでは無理をして筋肉や腱を痛める可能性が大きいと、現在では報告されています。

　また、無理をするため呼吸を止めてしまうので、脳への障害が起こることさえあったのです。

現在は、1人で行うストレッチが基本になっています。

けして無理をせず、「イタ、気持ちいい」程度に筋肉を伸ばすのが基本です。自然な呼吸のまま、伸ばしている部分に意識を向けるのがよいとされています。

スポーツによって体を動かすことと、脳の連動に関心が高まっていますが、「ここを伸ばしているんだよ」と脳に教え込む意識を持ちながら行うほうが、より高い効果が期待できるとされています。

1人では、伸ばしきれなかったり、伸ばすのが難しい部分については、パートナーと行うストレッチもあります。恋人やご夫婦のように親密な関係にある方とパートナーストレッチをすると、相手の体を思いやって無理をしない程度に負荷をかけるので、優しさと信頼感を確認でき、よりコミュニケーションが深まるという副次的な効果もあるのでは。

PNFストレッチという方法もあります（→37ページ）。パートナーに支えてもらい、伸ばす方向と逆方向に力を入れることにより、力を抜いたときには前より深く伸ばすことが可能となり、よりストレッチ効果を高めるやり方もあります。

どちらのやり方にしろ、できるだけ筋肉や腱について深い知識を持ったパートナーとペアを組むことをお薦めします。逆に言えば、パートナーの信頼感を高めるには、こういった知識を身につけておくことも必要なのではないでしょうか。

 # ストレッチの例

　ストレッチは、自然な呼吸が大切です。仲間と一緒の時は、話をしながら行うのも良いでしょう。ゆっくり10〜20数える間、伸ばしているところを意識しながら楽しく行いましょう。

　立ったまま、座ってのどちらでも良いのですが、イラストでは立って行うヴァージョンをご紹介します。

　まずは上半身から。

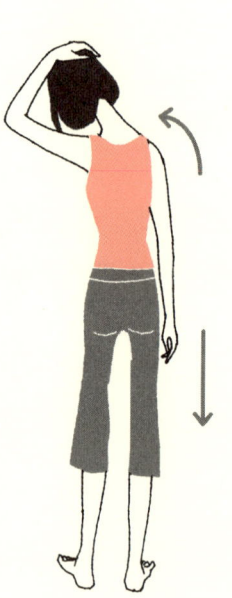

● **首の横**

左手を頭の上に置き左方向に引く、逆に右手は真下に押すようにする。右の首横が伸びる。手を変えて同様に。

首の後ろ

両手を組んで後頭部に置き、耳と肩をできるだけ引き離す意識を持って頭のてっぺんを遠くに倒す。首には、多くの神経があるため、損傷しないように。頭を後ろに倒すストレッチは行わないほうが良い。

肩と腕

右手を体の前に水平に伸ばし、左手を十字に交差させて手前に引く。手を変えて同様に。

腕と脇

右手のひじを上に挙げ、手のひらは背骨に沿って下に。左手で右ひじを下に押す。

背中

お腹に力を入れて、大きなボールを抱えるような気持ちでおへそをのぞき見る。肩甲骨を広げるイメージで。

体つくり

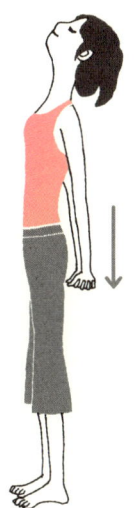

胸

体の後ろで両手を組んで下に引っ張り、胸を張る。肩甲骨の下側を寄せるイメージで。

体側

左手を耳に沿って真上に挙げ、上体を右方向に倒す。お腹に力を入れてお尻が左に突き出ないように注意する。左側の肋骨の間を広げるようなイメージで。手を変えて同様に。

続いて下半身のストレッチです。ジョギングやウォーキングのウォーミングアップにも使えます。

内ももとももの付け根（内転筋、鼠蹊部）

両足を肩幅の倍以上に開き、足先は外側に向けお尻を下に。両ももが地面と平行になるくらいまでお尻を下げることと、お尻が後ろに突き出ないようにするのがポイント。特にももの付け根は、痛めやすいところなので十分意識して。

脚の付け根（股関節）

右脚を大きく後ろに伸ばし、左脚は折り曲げ、ももが地面と平行になるくらいまで真下にお尻を下げる。上体は垂直に。右足のつま先と左脚で体重を支え、お腹に力を入れて右のお尻を前に出す。脚を変えて同様に。股関節が柔軟だと立ち姿が美しく見えるので、良いイメージをもって。

ふくらはぎ

右脚を後ろに伸ばし、左脚は折り曲げ、ももが地面と平行になるくらいまで真下にお尻を下げる。右足はかかとを地面に付けたまま右ふくらはぎを伸ばしてゆく。両足のつま先は平行に。脚を変えて同様に。ふくらはぎは「第二の心臓」といわれる部分なので、念入りに。

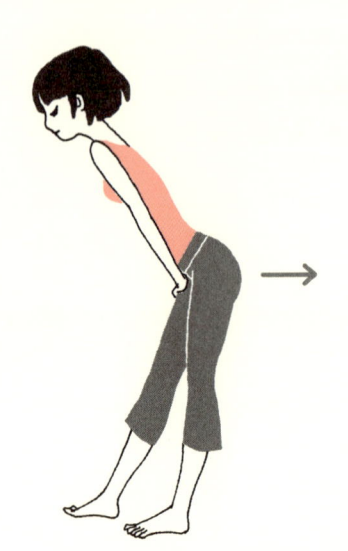

ももの後ろ（大腿二頭筋）

右足を半歩前に出し、左脚で楽に支えながらお尻を後ろに引く。脚を変えて同様に。この筋肉は、走るのに重要な筋肉なので意識して。

ももの前（大腿四頭筋）

右脚で体を支え、左足のかかとをお尻に近づけ、足首かつま先を左手で持つ。つま先が持てない場合は、タオルなどを利用してできるだけかかとをお尻に近づける。曲げたひざが前に突き出ないように。ひざを真下に引っ張るイメージで。脚を変えて同様に。

アキレス腱

右足を一歩分くらい後ろに引き、両ひざに余裕を持たせながら右足首を曲げるように体重をかけてゆく。脚を変えて同様に。痛めやすいところなので慎重に。5数えるくらいでよい。

以上で、だいたいの筋肉や腱が伸ばせました。

様々なスポーツ種目のウォーミングアップや日常的に柔軟性を保つにはこれで十分と思います。

くり返しますが、ストレッチは、筋肉を柔らかく若々しく保つという効用があるほか、ケガの予防にも役立ちますので、スポーツをする前には、体を温め心肺機能を高める軽いジョグとともに必ず行うのを習慣にしてください。これは年齢が高くなればなるほど、重要になります。

　ご紹介したものには、腰やお腹のストレッチが入っていません。もっと上級になると、大きな筋肉だけでなく、インナーマッスルという小さな筋肉のストレッチ法や、同じ筋肉でも角度を変えて伸ばすなどのテクニックもあります。

　また、スポーツの種目によっても使う筋肉が違いますので、それぞれに特有のストレッチ法を取り入れる場合もあります。

　バランスボールやストレッチポールといった用具を使って効果を高めることもできます。

　奥の深い世界なのです。興味のある方は、どんどん研究してみてください。

　最後に、リハビリテーションのために開発された技術を、メジャーリーガー、野茂英雄選手や松井秀喜選手が取り入れ、パフォーマンスの向上につなげた「PNFストレッチ」をご紹介します。PNFは「人間の潜在力を引き出す」技術です。筆者も経験しましたが、びっくりするくらい筋肉が伸び、関節の可動域が広がりました。試してみてください。

ももの後ろ（大腿二頭筋）

床に仰向けに寝、左足のかかとを天井に向けて脚を伸ばす。パートナーに足首を持ってもらい、ももに力を入れて、1、2、3と数えながら脚を床に押し下げようとする。パートナーは、逆に押し下げさせないように力を入れる。3数え終わったら脚の力を抜き、パートナーは左脚を垂直から頭のほうに近づけて、よりももの後ろを伸ばす。その状態から同様なことをあと2回くり返し、さらに伸び感を高める。脚を変えて同様に。

内もも（内展筋群）

座って、自分で痛くないくらいに開脚する。パートナーに両足で両ひざの下を開く方向に押してもらい、それに逆らうように脚を閉じる方向に力を入れる。最初に開いた位置から脚の角度が変わらないようにして押し合いながら、3から6数える。押す力を緩めてもらってから、ゆっくりと息を吐きながらさらに脚を広げてみる。次は、その角度から同じことをくり返す。3～5回が適当。

コアトレ

　最近になって、あらゆるスポーツパフォーマンスの向上には、「体幹（コア）」が重要だといわれるようになりました。

　「体幹（コア）」とは、頭と両手、両脚を除いた体の中心を支える筋肉群のことです。

　体幹がしっかりして軸が決まると、四肢の力が十分に発揮できます。また、体がぶれなくなるので余分な力が不必要になり、同じ動きが省エネで行えるようにもなります。年齢を重ねて、体力がなくなってくると少しでも少ないエネルギーで同じ効果を得たいと思うでしょう。省エネなので疲れにくくもなります。

　バランス力も向上しますし、手足を大きく使えるようになるので、なにより日常の動作が美しく見えるようになります。ストレッチと合わせて、日常的に行えば美しい立ち居振る舞いがあなたのものですよ。

　スポーツマンは、模範動作を見て同じ動きをすることで各種の動きを身につけますが、その時の筋肉の使い方は、誰でもが同じというわけではないのです。「トリック・モーション（ごまかし運動）」といって、理想的な筋肉の使い方ではなく、その人固有に発達した筋肉を使って、同じようなことができてしまうのです。

まずは、コアの一番のスターである腹筋を強くすることから始めましょう。

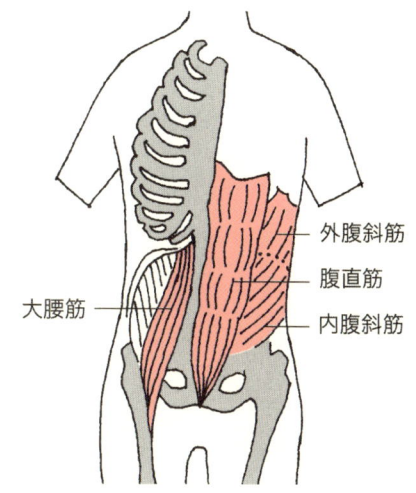

外腹斜筋
腹直筋
大腰筋
内腹斜筋

クランチ

仰向けに寝て、ひざを90度になるよう立てる。両手は頭の後ろに（イラストは、ダンベルで運動強度をあげている）。息を吐きながら頭を上げおへそをのぞき見る。肩甲骨が床から離れるところまであげ、ゆっくりと元の位置に戻す。息を吐いたときにお腹に力を入れ、おへそを床に埋め込むイメージを持つ。10回1セットで、体力に合わせて回数を増やしていく。胸の前で両手を組む形にすると、少し楽にできる。

ツイストクランチ

クランチと同じ姿勢から、左ひじを右ひざに近づけるようにわき腹をひねって、息を吐きながら肩甲骨が床から離れるところまであげ、ゆっくりと元の位置に戻す。左右を変え、左ひじを右ひざに近づけるように、同様に。
このとき、体の中心線が動かないように、お腹とみぞおちに力を入れておく。

ロールダウン

クランチがきつい場合は、逆に寝そべっていく方法に変えるとよい。脚は90度に保ち、上体を起こした所から、ももの外側に両手をはわせるようにして少しずつ体を倒していく。だんだん背中が床に近づいてくるとお腹に効いてきつくなるが、力を抜かないようにして、ゆっくりと肩甲骨が床につくまでキープして脱力。起き上がるときは、脚を上げて反動をつけごろんと起き上がり、同様に続ける。これも体力に合わせて回数を増やしていく。

　ひねりを加えたものも含めて、楽に腹筋を鍛えられるメニューを紹介しました。足首を押さえて上体を起こす従来の腹筋は、フォームによっては「トリック・モーション」でももに効いたりしますので、腹直筋にダイレクトに効くメニューを選びました。
　チョコレートのように割れた腹筋が流行りですが、毎日地味にくり返すと、きっと体が変わります。

トレーニングは、左右前後のバランスも重視して行う必要がありますので、腹筋とともに背筋のトレーニングも行いましょう。脊椎起立筋は、背すじをピンと伸ばして、姿勢良く立つために欠かせない筋肉です。また、パワーの源でもあるといわれます。ボクシングのパンチ力、野球などの遠くへ飛ばす能力、様々なスポーツでのジャンプ力などは、背筋が発達していると向上するのです。

バック・エクステンション（脊椎起立筋）

ベンチなどでうつぶせになり、ベンチの端に腰骨を当て、頭を下に下げる。息を吐きながら、背中に力を入れて上体と股関節。脚が一直線になるまで持ち上げる。息を吸いながら元のポジションに戻る。

慣れてきたら、筋肉が緊張している状態で3〜4秒停止してから、元のポジションに戻る。呼吸は止めない。

スポーツをしているとき、よく「肩に力が入る」「力んでいる」といわれることはありませんか。こういったときは、たいてい良い結果は出ていません。実際、大きな力を出そうとすると、肩に必要以上の力が入っているものです。

これは典型的な「トリック・モーション」です。

このクセを直すためには、肩甲骨周辺の筋肉を意識的に鍛える必要があります。肩甲骨の動きをコントロールできれば、背中の筋肉全体の力を十分に発揮できるようになるのです。

肩甲骨周辺を鍛える

仰向けに寝て、両腕を天井方向に「前へならえ」の姿勢で上げる。息を吐きながら、肩甲骨を背中で合わせるようにして、引き寄せる。息を吸いながら元のポジションに。

初めはなかなか大きく動かないので、1mmでも近づけばいいというイメージで。だんだん動きやすくなってくる。

筋トレ

　コア（体幹）がしっかりしてきたところで、いよいよ全身の筋肉を鍛えるトレーニングを始めましょう。

　筋トレは、ちゃんとした知識に基づいて行えば、自分のイメージする体をデザインすることも、日常楽しむスポーツ種目のパフォーマンスを向上させることもできるという優れものです。

　習慣化して筋肉がついてくると、基礎代謝が上がって消費カロリーが増え、食べても太りにくい体になれます。

　筋トレは、ストレッチと組み合わせて行うとより効果的です。力を入れると筋肉は収縮しますので、伸ばして血流を良くし、休ませてあげることも必要だからです。

体をデザインする

　まずは、どんな体をデザインしたいかをイメージしてください。「細マッチョ」「ゴリマッチョ」などといわれるように、筋肉のつき方は人により様々です。筋トレを一生懸命やると、「ゴリマッチョ＝ボディビルダーのような体（アーノルド・シュワルツェネッガーの体を思い出してください）」になってしまうと考えていませんか。そういう体が理想なら、その方法もあります。

最近は、「私、脱いだらすごいんです」の「細マッチョ（ソフトマッチョ）」が流行です。Ｔシャツを脱いだら、細くてもきれいに筋肉がついている体、もちろん腹筋はチョコレートのように割れている、が時代の美意識になりつつあります。

　女性は、「メリハリボディ＝きれいなバストライン、くびれたウエスト、引き締まったヒップ」を目指す人が多いかも。

　器具の重量、回数、かける時間などによって、筋肉のつき方が変わってきます。栄養の摂り方も関係してきますが、これはこの本の範囲を超えていますのでここでは取り上げませんが。

　なりたい体をイメージし、知識を持って筋トレに取り組めば、健康とともに美しさも手に入るのです。

　ただし――、筋肉の上に脂肪がついていると、せっかくの美しい筋肉も他人の目にはふれません。他人に魅せるなら、脂肪を取り除く有酸素運動も必要です。

パフォーマンスをあげる

　100ｍ走とマラソン、野球とサッカー、テレビで見ていても、それぞれの一流選手の体つきはだいぶ違っているのに気づきませんか。

　それぞれの種目ごとに発達する筋肉が違うからです。使う筋肉の部位が違っているので、プレーを長くしているとその部位が発達してきます。筋トレ理論の発達もあって、必要な筋肉はさらに

鍛えられているからともいえます。

　日常楽しむスポーツがある方は、その種目に合わせた筋肉の部位を筋トレで鍛えれば、プレーにパワーや切れが出て、結果につながるようになり、よりプレーを楽しむことができます。

器具を選ぶ

　筋トレは、「自重トレーニング」といって、何も器具を持たず自分の重みだけで行うこともできます。たとえば、スクワットなどは、しばらくはウエイトなしでも効果があります。ただ、多くの鍛える筋肉の部位には、最初は軽いものでもウエイトを持ったほうが効果的なのです。

　ウエイトには、スポーツクラブにあるような、その筋肉のみに効くようにポジションが設定されている専用のマシーンから、雑誌などでよく宣伝されている、バーベルやベンチなどをセットにしたものなど、お金をかければ様々なものがあります。

　でも、とりあえずはお金をかけず、自宅の少ないスペースで始められる。ダンベルから始めましょう。

　ダンベルは片手に持つ重りで、様々な重さが用意されていますし、形や色も多種類ありますので、持ちやすさやデザインの好みにより「マイダンベル」を選ぶことができます。なにより、初級の軽いものなら、100円ショップで手に入ります。

　最初は、1～2kgの軽いものを選びましょう。持ってみてあ

まり重く感じないものがいいでしょう。体力がないという自覚のある方は、0.5kgからでも大丈夫です。500mlのペットボトルに水を入れても代用できます。ちょっと持ちにくいですが、はじめの一歩はここからでもいいと思います。

慣れてきたら、だんだんウエイトを重くしていくのですが、よほど楽々ではないかぎり、1〜2週間は、同じウエイトでやりましょう。すべてのトレーニングにいえますが、急に段階を上げることは、ケガに繋がりがちです。

あまり重いウエイトをあげていると、太い筋肉になっていくので、先ほどの「ゴリマッチョ」的な筋肉がつきます。流行の「細マッチョ」やメリハリボディを目指すなら、ウエイトを重くするより、回数を増やして、ゆっくりとしたペースで行うほうが効果的です。3kgくらいまでで止めておきましょう。

スポーツパフォーマンスの向上に関しても、球技などでは、パワーを求めるあまり太い筋肉をつけると動きに切れがなくなりますし、関節の可動域が制限され、かえってパワーが発揮できないことすらあるのです。何より筋肉は重いので、ひざなどに負担がかかりケガをすることもあります。野球の清原選手の例を思い出してください。

ダンベルを使った筋トレ

　くり返しになりますが、あらゆるトレーニングを行う際に、「体幹（コア）」に対する意識を忘れないでください。ダンベルでの筋トレのときも、常に腹筋に力を入れ、背筋を伸ばして胸を張り、正しい姿勢を意識してください。

　鍛えている部位を意識することも重要です。脳との関係で、全く考えずに行う場合と効果に差があることが、最近の研究で指摘されています。

　ダンベルは手のひらで巻き込むように持ちます。手首を反らせっぱなしにしていると痛みが出ることもありますので注意！　どんな場合も痛みが出たら無理をしないで、その筋肉部位のトレーニングはしばらく休みましょう。痛みがとれて再開するときも、少し軽めのウエイトで、辛抱強く慣らしていきましょう。

　以下に紹介する種目を、それぞれ10回〜20回を1セットとし、全体をバランス良く。慣れてきたら、1日3セットくらいを目標にしてください。

　最後に——、肩に力が入って、すくめるようなフォームになっていませんか？　パワーを出すとき「肩に力が入る」くせがついてしまいますので、気をつけてください。首から肩のラインは伸

びやかなほうが美しく見えます。スポーツにおいては、美しく見えるということは、合理的でもあるということです。

ラタラル・レイズ（胸）

ダンベルを両手に持ち、仰向けに寝る。脚はやや開いて、90度にして立てる。両腕は翼を広げる形で床に。息を吐きながらダンベルを天井に向かって引き上げ、胸の前で合わせるようにする。息を吸いながら、ゆっくり元のポジションに戻す。床にはつけないように。これが1回。

余談になりますが、ベストセラー『仕事ができる人はなぜ筋トレをするのか』（幻冬舎新書）の著者山本ケンイチ氏は、大胸筋は、すぐに効果が現れる筋肉なので、トレーニング効果を実感させる

ためには、集中的にやってもらい、厚い胸板（女性の場合は、きれいなバストライン）を実感してもらうと、トレーニングへのモティベーションが上がると書いています。

ベント・オーバー・ローイング（背中）

両足を腰幅に開いて立つ。両手に持ったダンベルを下に下げ、軽くひざを曲げる。上体は背中が床と平行になるくらいに倒して、息を吐きながら、ひじを曲げてダンベルを引き上げる。肩甲骨の下側を意識するように。息を吸いながら、ゆっくり元のポジションに戻す。これが1回。

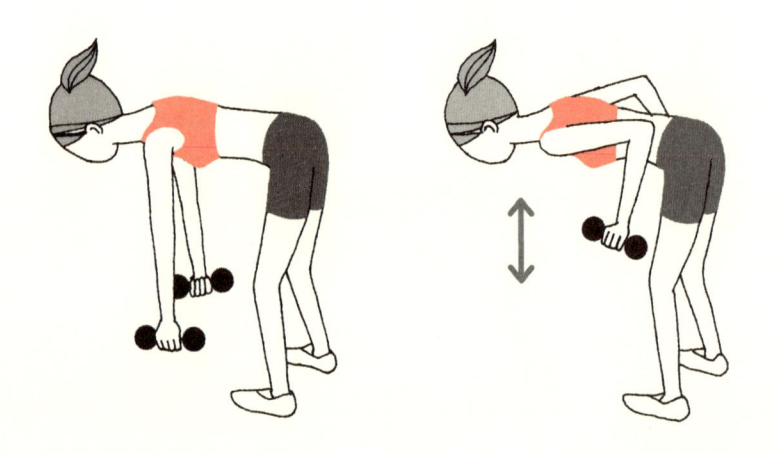

よく女性たちが「振袖」という部位で、余分なお肉がつきやすい場所に効きます。ウエイトは軽くてもくり返し行うことで効果があります。

● ショルダー・プレス（肩）

両足を腰幅よりやや広く開いて立つ。両手に持ったダンベルを肩の上部にひじを曲げてセットする。息を吐きながら、ダンベルを頭上に押し上げる。肩の筋肉（三角筋）を意識する。息を吸いながら、ゆっくり元のポジションに戻す。これが1回。

● フレンチ・プレス（腕の後ろ）

両足を腰幅に開いて立つ。片手にダンベルを持ち、ひじを上げて頭の横に腕をセットし、ダンベルを垂直にたらす（背骨と平行に縦にダンベルを持つ）。息を吐きながら、ダンベルを頭上に押し上げる。腕の後ろの筋肉（上腕三頭筋）を意識する。息を吸いながら、ゆっくり元のポジションに戻す。これが1回。10回行ったら、もう一方の手に持ち替えてさらに10回行う。これで、1セット。

アーム・カール(腕の前)

手のひらを前に向けて両手にダンベルを持ち、両足を腰幅に開いて立つ。ひじを体につけて固定し、息を吐きながら、ダンベルを巻き上げる。腕の前の筋肉(上腕二頭筋)を意識する。息を吸いながら、ゆっくり元のポジションに戻す。これが1回。
いわゆる力こぶができる場所。

サイド・ベント(ウエスト)

両手にダンベルを持ち、体の脇に自然にたらす、両足を腰幅に開いて立つ。息を吐きながら、体側を伸ばすように上体を片側に倒す。お腹の横の筋肉を意識する。息を吸いながら、ゆっくり元のポジションに戻す。これが1回。左右交互に行う。
お腹引き締めに効果的なメニュー。

クランチ（腹）

コアトレでの説明（→39ページ）と同じだが、ダンベルを胸の前で持って行うと、よりお腹に効く。チョコレート状に割れたお腹を目指すにはこれがはじめの一歩。

デッド・リフト（腰）

両足を腰幅に開いて立つ。軽くひざを曲げ、両手に持ったダンベルをひざより下に下げる。上体は背中が床と平行になるくらいに倒して、息を吐きながら、ひざを伸ばしてダンベルを引き上げるように腰を伸ばして立ちあがる。腕や肩ではなく、お尻とお腹でダンベルを持ち上げようと意識するように。息を吸いながら、ゆっくり元のポジションに戻す。これが1回。
引き上げるときダンベルが、なるべく脚の近くを通るように気をつける。
腰痛がある人は、負担がかかるので、注意深く取り組む。

スクワット（太もも、尻）

両足を腰幅よりやや広めに開いて立つ。両手にダンベルを持ち、軽くひざを曲げ、お尻を後方に突き出して、息を吸いながら、ももが床と平行になるまでしゃがむ。ひざがつま先より前に出ないように注意！ 息を吐きながら、お尻がきゅっと締まるまで、ゆっくり立ち上がる。これが1回。
しゃがんでいくときにお腹が出ないように気をつける。きついパンツのファスナーが上がっている、きついベストのボタンをはめているイメージを持つ。ひざに痛みがある人は、負担がかかるので、注意深く取り組む。

　スクワットは、太もも、お尻という体の中では大きく太い筋肉を鍛えるので、脂肪燃焼効果が高いといわれています。あまり運動をしない人が、何回かに分けて1日50回のスクワットを3日続けて行ったら、体脂肪率が5％もダウンしたという実例もあります。

カーフ・レイズ（ふくらはぎ）

両手にダンベルを持ち、ひざを伸ばし足をそろえる。息を吐きながら、ふくらはぎに力を入れてかかとを上げる。息を吸いながら、ゆっくり元のポジションに戻す。これが1回。
ふくらはぎは「第二の心臓」といわれる。鍛えておけば血流が良くなり、気持ちの良い毎日が送れる。

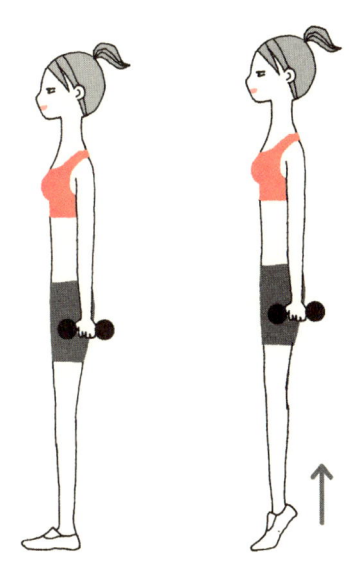

　ふくらはぎは、ダッシュ力や、ステップ力に直結する部位なので、アスリートは意識的に鍛えてください。意外と軽視されがちなところです。上の方法だけでなく、厚めの本などの上で背伸びをしてからかかとを床に下ろして、また背伸びをするという可動域の大きなやり方もあります。

最新のトレーニング技術

　これまで触れてきたのは、様々なトレーニングの基本的なやり方です。今では、様々にアレンジされ、いろいろなメニューが用意されています。それぞれ中級、上級といろいろ考えられていますので、研究してみてください。

　毎日、くり返し同じメニューをこなすことが好ましいと思われる方もいらっしゃるかもしれませんし、目先が変わったほうが楽しく続けられるという方もいらっしゃるでしょう。

　脳は、同じことをくり返すより、慣れないことをやるときのほうが活性化されるという研究報告もあります。

　ここでは、最近になって注目されているトレーニング法の一端をご紹介しましょう。

スロトレ

　「スロートレーニング」の略語です。東大の石井直方教授の著書がよく売れて、評判になっています。

　たとえば、39ページで紹介したクランチ(腹筋のエクササイズ)であれば、頭を上げて腹筋が緊張している状態から始めて、3秒かけてゆっくりと上体を上げて、また3秒かけてゆっくりと

下ろすというやり方です。この本に紹介した様々なトレーニングで応用がきくので、試してみてください。

呼吸の基本は、物や体を持ち上げる動作の時に息を吐き、下げるときに吸います。

負荷は軽くても、石井教授によれば、緊張した筋肉の圧力で血流が制限され続けると、運動後に成長ホルモンが分泌され、実際にかけた負荷（重量）以上の効果が得られるということです。成長ホルモンは、筋肉の強化や、脂肪の分解に効果的な作用をするありがたいもので、美容の面でも注目が集まっています。

体つくりの効果より、「ダイエット」効果のほうが先行して語られてしまいましたが、軽い負荷で効果が出るので、関節を痛めるリスクが少ない優れものです。ぜひお試しあれ。

加圧トレーニング

これもスロトレと同じ原理です。腕や脚の付け根をベルトで圧迫して強制的に血流を制限しながらトレーニングを行います。

筋肉内の血流を制限し続けると乳酸などの運動によって生じる物質が大量に蓄積され、「激しい運動をした」と脳が勘違いし、筋肉を修復しようと、成長ホルモンの分泌を活発にすると説明されます。いわば、脳をだますわけです。

比較的軽い負荷、短い時間の運動で効果があるといわれています。エステや美容医療などのメニューにも採用され、やはり美容

痩身やアンチエイジングの面からも注目されているのです。

　加圧ベルトなどは市販されていますが、締め付け具合などをまちがえると危険ですので、専門のトレーナーの下で行う必要があります。くれぐれも自己流で行わないようにしてください。

バランスボール

　最近よく見かけるようになった、大きな丸い風船のようなボールを使ったトレーニング方法です。

　椅子の代わりに座っているだけで、ゆらゆらする体のバランスを取るため腹筋や背筋を使っています。椅子代わりに取り入れている学校もあるほど、バランス感覚や体幹を鍛えるのに適した器具です。ただ、座っているだけでなく、様々なトレーニングのメニューに応用できます。水泳で、オリンピック2大会連続金メダルの北島康介選手は、バランスボールを使ったトレーニングを取り入れていました。

　球形で不安定な中でバランスを取って行おうとするため、インナーマッスル（内側の筋肉群）、も含めて全身の筋肉を刺激できます。通常のエクササイズより、柔らかいボールの上で行うため「ひねる」トレーニングがやりやすいという特性もあります。

　ただ、これもボールが転がって落ちたり転倒する危険性が伴います。最初はなかなか思うように扱えないものですので、慣れるまでは専門のトレーナーの下で、レッスンを受けてください。

スポーツと呼吸

　トレーニングしていて、力を入れるとき息を止めてしまうくせはありませんか。呼吸を長く止めると、脳に悪影響が出るので、どんなときも自然な呼吸を忘れないようにしましょう。

　友人と一緒のときなどは、会話をしながらトレーニングをすると、息を止めることがないので良いとされています。

　この本でも、トレーニングメニューの実際を述べるときには、呼吸についてもふれるように注意したつもりです。

　さらに、取り組んでいるスポーツ種目のパフォーマンス向上を目指すなら、積極的に呼吸法を身につけるとプラスになる面があります。

　ヨガの呼吸法や、日本古来の丹田呼吸法など、様々な方式がありますが、上手な呼吸は体中に酸素を行き渡らせ、血流を良くする効果があり、また、心身のリラックス、集中力を高めるなどの効果もあります。

血流を良くする

　腹式呼吸が基本となります。あぐらなど楽な姿勢で座り、背筋を立てて鼻から吸い、鼻から吐きます。ヨガはこれが基本ですが、

流派により口から吐く、何度かに分けて吐くという方法もあります。西野式呼吸法というものでは足裏からエネルギーを取り込むという理論なので、立って行います。

いずれも意識するのは「丹田」です。

「丹田」とは、おへその指２本か３本分下のあたりの、体の内部の中心をいいます。これも流派によって微妙に説明が違いますが、トイレを我慢するように下腹に力を入れると意識できるあたりだと漠然と覚えてください。

まずは丹田に酸素をため込むことをイメージして、深く吸いゆっくりと吐きます。息を吐ききってしまえば、吸うときに自然に息が入ってきます。横隔膜を上げたり下げたりが意識できれば、さらなる進歩です。

何度かくり返すうちに体が温まり、汗がだらだら出てくるときもあるほどです。

腹式呼吸では、息を吸うときにお腹をふくらませ、吐くときにへこませますが、体幹がしっかりしてくると、吸うときも吐くときも腹筋に力が入って抜けないようになり、スポーツのパフォーマンスが安定します。

リラックス効果

最初は、意識しないと呼吸がうまくできないのですが、習慣にしてしまえば、呼吸により体の力が抜け、筋肉が柔らかくなって

いく感じがつかめます。訓練すれば、お腹だけでなく、背中や脇腹など思ったところに酸素を入れる感覚がつかめますし、実際にその部分がふくれたりします。背中や脇腹などのストレッチをする際、この感覚を大切にすると、大きく筋肉を伸ばすことができるのです。

　体が柔らかくのびのびしてくると、心も伸びやかになってきませんか。

　呼吸法の流派が多く成り立つのは、心身のリラックス効果から健康増進、長寿という方向に繋がっていくからでしょう。

集中力を高める

　呼吸が上手にできるようになり、伸びやかさを感じたら、次に集中する方向に体と心をもっていきましょう。心を静めて再び丹田に意識を集めていくと、神経が研ぎ澄まされ鋭敏になっていきます。頭に、スポーツパフォーマンスの良いイメージを描くのも良いと思います。

　自身の最高にかっこ良い姿や、チームに、たとえば優勝といった良い結果が出るイメージを描きます。試合に臨む前などに、呼吸を整えイメージトレーニングを行うと、良い結果に繋がることが多いとされています。

スポーツ・パフォーマンスに役立てる

　呼吸がもっとも意識されるのは、水泳です。呼吸がうまくできることが、水泳の必然です。息を口から吸い、鼻から吐くと前述とは逆転しますが、背中や脇腹に息を貯める感覚がわかると、長い距離を泳ぐときに楽になります。

　ゴルフや野球のバッティングなどでは、構えるときに息を吐くと体の力が抜けて柔らかいフォームから、インパクトの一瞬に最大のパワーを伝えることができるとされています。

　息を吸う、吐くということは、普段は意識せずに行っていますが、スポーツを楽しむ際に意識して研究してみると、思わぬ法則が見つかるかもしれません。くれぐれも息を止め続けないで欲しいのですが。

陸上競技

短距離走

　陸上競技は「走る」「跳ぶ」「投げる」といった、もっとも基本的な身体の能力を向上させます。中学では、このうち「投げる」を除いた「走る」「跳ぶ」を学びました。

　オリンピックや世界陸上など、テレビ中継で見ることの多い、おなじみの種目でもあります。

速く走る

　「基本のき」でもふれましたが、速く「走る」ことは、スポーツの基本・根源です。

　速く走る種目には、「50m」「100m」といった短距離走から、「400m」「800m」といった中距離といわれるものまで、様々あります。中距離走は体力的に過酷だとの説があります。4人の選手がそれぞれ100m、400mを走るリレー競技もあります。

　また、障害物を途中に置く、「100mハードル」といった競技もありますね。

　なかでもオリンピックの花形は、「100m走」でしょう。この金メダリストが世界一速い男ともてはやされるのです。1968年にジム・ハインズ選手（米）が限界といわれた10秒の壁を破っ

てから、現在では、ウサイン・ボルト選手が、9秒58をたたき出しています。シューズなどの用具の発達を考えても、人類が8秒台でゴールテープを切ることも夢ではないかもしれません。

　ここまでは望めませんが、少しでも速く走る、タイムを縮めるためのトレーニングを紹介します。

まずは「立ち方」から

　正しく歩くのは、正しく立つことから始まります。体に曲がりやねじれがないか、総論でふれたコアがしっかりしていれば正しく立ちやすくなります。チェックポイントを書いておきます。

立ち方

○左右の肩が水平になっているか、力が入って上がっていないか。
○両足に均等に重心がかかっているか。
○顔はまっすぐ正面を向き、目線は地面と平行に前を見ているか。
○上体がねじれていないか（小さく「前にならえ」をしたとき、両手がまっすぐ進行方向を向いているか）。
○体の重心は腹筋より少し上に置くことを意識する。

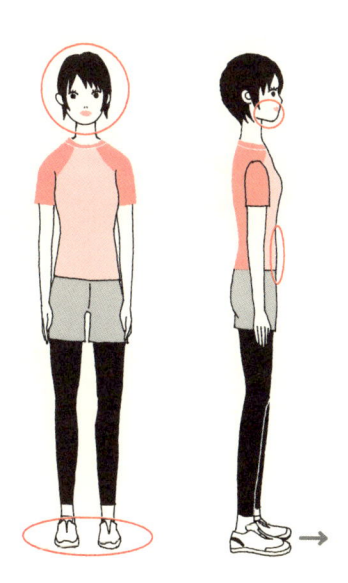

チェックが終わったら、腹筋に力を入れ上体が反らないように注意します。みぞおちのあたりに体の中心を感じるようにし、首の後ろを長くするイメージで、軽くあごを引きます。体の中心を進行方向に移動させるイメージで、自然に腕を振り、足を前に出します。地面に着地した足を踏み込むことを意識すると、自然に後ろの足が前に出てきます。

　注意点は、①腰が上下しないこと、②かかとから着地し、足の親指の付け根(母指球)に乗っていく、③骨盤を回旋させることです。

「立つ」→「歩く」→「走る」

　正しいフォームで歩けるようになったら、だんだんスピードを上げていきます。すると自動的に走ることになります。この感覚は、スポーツクラブなどにあるランニングマシーン（トレッドミルマシーン）のスピードを時速4kmくらいから徐々に15kmくらいまでに上げてみると、よくわかります。後ろに流れていくベルトから落ちないように足の運びをスピーディにしていくからです。体力に合わせて、時間をかけて「走る」までもっていきましょう。

　前にも書きましたが、ももを上げることを意識せず、地面に踏み込むことを意識してください。後ろに蹴ることも意識する必要はありません。しっかり踏み込むと、自然にかかとがお尻のほう

に蹴り上がりますし、ももも上がります。

　股関節が柔軟だとスピードアップが容易になります。股関節のストレッチが有効ですよ（→33ページ）。

　ここでは、前にご紹介した立って行うストレッチ以外に、自宅で座って行う股関節のストレッチを紹介します。

座って行う股関節のストレッチ

座った姿勢で両足の裏を付ける。両手で足の裏が離れないようにしながら、ひざを床に近づける（内側のストレッチ）。

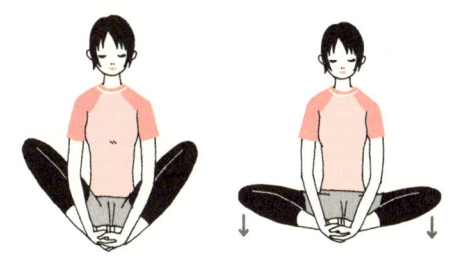

あぐらをかくように座り、両手で片足首を持ち、胸に近づけて静止する。もう一方の足も同様に（外側のストレッチ）。

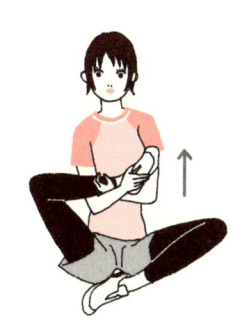

スピードをどう活かすか

　速く走る能力を十分引き出したうえで、短距離を競技として楽しむためには、短距離走のスタート（多くはクラウチングスタート）、リレーならスピードを落とさないバトンパス、ハードルは、ハードルを越えるフォーム、インターバルのリズミカルな走りなどを研究する必要があります。

　リレー走について、簡単に述べます。運動会、体育祭ではクラス対抗や町会対抗になるので、応援も盛り上がりますよね。陸上競技の中では数少ないチームスポーツです。

　リレーで重視されるのは、「バトンタッチ」です。個々の選手のタイムの合計が、リレーのタイムと同じになるのではなく、このバトンの受渡しが素早いとタイムを縮めることができます。

　バトンパスは、リレーゾーン内で行わなければなりません。受けるまで、止まって待っているとタイムロスになりますので、このゾーンをめいっぱい使って加速したところでバトンを受けましょう。落とすと失格になってしまうので、渡す人は受ける人の手のひらに「パシッ」と音を立てるくらいにバトンを当てて渡すのです。

　専門競技だけでなく、野球やサッカー、バスケットボールなどの球技や次にふれる「跳ぶ」ときの助走にも、スピード感あふれる走りはパフォーマンス向上に有効です。

長距離走

　走ることには、速く走るだけでなく、長い距離を走ることを目的としたテクニックもあります。人間の原始的な生活の中でも、伝令などのように、長い距離をできるだけ時間をかけずに走れることは、大きな長所になったことでしょう。

　オリンピック競技を例にとると、「400m」「800m」「1000m」を一般的に中距離走、「5000m（5km）」以上を長距離走と呼んでいます。

　一定の距離をタイムを競って走る種目と、「12分走」といったように時間を決めて、その間にどれだけ長い距離を走れるかという種目もあります。

　距離が決まっているものの代表格はマラソンです。フルマラソンは、42.195kmですが、一般市民が参加しやすい形の5kmくらいからのマラソン大会は、各地で頻繁に開かれています。体力、トレーニングの段階、目標のレースへの調整など様々な目的で利用できます。

　大会の情報は、『ランナーズ』（ランナーズ）、『クリール』（ベースボール・マガジン社）といった専門雑誌やネットなどでゲットできます（たとえば「RUNNET」はhttp://runnet.jp/）。

12分走などの持久走は、心肺機能や筋持久力を把握するのに優れています。同じ時間に走れる距離を伸ばしていく喜びもありますし、トレーニングの過程で、確実に体力がアップしていることを確認できます。体力に自信のない方は、5分走からでも試してみてください。距離が伸びてきたら、徐々に時間を長くしていってください。

　トレーニングにあまり時間をかけられない方や、各種目の基礎体力アップに利用できます。12分より長い時間を設定する場合もありますが、まずはこのくらいから始めるのがスタミナアップには適切だと思います。

長く走るためのトレーニング

　走る基本は、短距離走と同じです。「立つ」→「歩く」までは、同じと考えてください。股関節の柔軟性も同様です。ジョギング程度のスピードから、トレーニングの距離を伸ばす方向に切り替えればいいわけです。

　長く走るには、筋力のみではなく筋持久力や心肺機能の向上も関係してきますので、「走り込む」のがもっとも良いトレーニングでしょう。

　かといって、ただ闇雲に走ればいいというわけではなく、大会などに出るには計画的なトレーニングも必要でしょう。目指す大会の距離に合わせてアレンジしてみてください。

心肺機能と筋持久力を高める練習方法には、以下のようなものがあります。

○**「ロングジョック」**　目指す大会の距離に合わせて５kmから10km、または60〜90分走(時間を一定に)をジョギング感覚で走り込む。

○**「ペース走」**　４kmから８kmをジョギングよりも速いペースを設定して走る。途中でスピードが落ちないように、１kmごとにタイムを計る。最初から最後まで一定のペースで走ることに目標をおく。

○**「ビルドアップ」**　４kmから８kmを１kmくらいごとにスピードを上げて走る。１kmごとにタイムを計り、後半のほうが速くなることにポイントをおく。

○**「クロスカントリー」**　アップダウンのあるロードや山道を60分から90分ジョギングする。

　大会で走るコースは平らなものではないので、アップダウンのある場所でのトレーニングはぜひ取り入れてください。

レースではスピードも無視できない

　長距離レースでは、ゴール直前での競り合いや、戦略的に仕掛ける際の走りなどで、「速く走る」能力も不可欠とされます。

　大会で好成績を残すためには、以下のような練習方法を加えるとよいでしょう。

○「レペテーション」　1kmから2kmをなるべく速いスピードで走る。休息を十分にとりながら、同じ日に3本くらい行う。
○「**短距離走**」　150mから400mくらいを全力に近いスピードで走る。同じ日に5本くらい行う。

練習計画を作ろう

　大会にエントリーしたら、その日から逆算して練習計画を作りましょう。毎日できるのか、週末だけかなど自分の環境に合ったものを考えるのは楽しいものです。ストレッチや軽いジョギングは毎日でも良いですが、筋トレは「超回復理論（一度組織を痛めた後、休息を取ることで筋肉が回復して以前より増えること）」からも1日おきのほうがいいとか、激しいトレーニングの後は十分な休息を取ることも考えてください。

　さらに、天候や体調といったファクターもあるので、多少の余裕を持った計画を立てたほうが良いと思います。オーバートレーニングで体を痛め、せっかく積み上げてきたことがムダになる例を筆者もたくさん見てきました。痛みや疲れといった体からの信号に敏感になって、計画を立て替える勇気も必要と思ってください。オリンピック金メダリストである、Qちゃん（高橋尚子さん）のサイトがとても参考になります（http://www.runningschoolq.jp/regular/beginner/curriculum00/）。

遠くへ跳ぶ

　生物の進化の理論に自然淘汰説というのがあります。簡単に説明するとキリンの首が長いのは、より高いところにある食べ物を食べられる個体（首の長いほうが有利）が、厳しい自然環境の中で子孫を残すことができたという考え方です。

　「走る」「跳ぶ」などは、遙か昔、原始の時代から人類が行ってきた行為です。動物に追いかけられ命の危険を感じて逃げるとき、速く、長く走る能力は生き延びるためにとても大切な能力でした。それだけではありません。逃げ回る大地には、川や崖のような障害物、壁のような岩、跳び移れる木の枝など、様々な物があるのです。

　遠くへ、あるいは、高く跳ぶことで、逃げ切れる場合もあったでしょう。

　わたし達は、そんな能力を持った人々の遺伝子（DNA）を受け継いでいると考えたら、「跳ぶ」ことへの潜在能力にちょっと自信が持てませんか。だって、こういった能力のない人たちは、とっくに動物や敵にやられてしまって、子孫を残せなかったかもしれないんですよ。

走り幅跳び

　遠くへ跳ぶ力をつける体育の種目は、走り幅跳びです。一流選手は「はさみ跳び（シザース・ジャンプ）」というかっこ良いフォームで跳ぶ人もいますが、かなり長い距離を跳べる人でないと脚を交差しているうちに着地してしまうので、ここでは「反り跳び（ハング・ジャンプ）」にしぼって、書いていきます。

　反り跳びでは、空中で上体を反らし着地の際には逆に脚を前に投げ出して距離を稼ぎます。このフォームのためには、しっかりとしたコアの筋肉が必要です。もう一度、「コアトレ」のページ（→ 38 ページ）を見ていただき、コアの力をつけてください。

　走り幅跳びの動作を、分解してみてみると、「助走」→「踏み切り」→「空中動作」→「着地」という形になります。

　「助走」はスピードがあるほうが、跳び出す強い力を生みます。「短距離走」を参考にしてこの力を磨いてください。助走の距離は長すぎると疲れてしまいますし、短すぎるとスピードが出きらないうちに踏み切らなければなりません。自分に合う距離、または歩数を見つけてください。

　「踏み切り」は、踏み切り板の一番前につま先がかかることが、記録を目的にした場合理想ですが、意識しすぎると逆に踏み切りに合わせるため助走のスピードが落ちて、十分なジャンプ力を得られません。練習の最初のうちはあまり意識しないほうがいいで

しょう。まずは、強い力で「跳ぶ」ことです。

動作の分割練習法

①**「V字腹筋」** 筋トレとしては、コアを鍛えるほか、空中で反ってから脚を前に投げ出し「V字型」を作るためのトレーニングをしましょう。床にバンザイの形で寝そべり、腹筋を使って上体と脚を持ち上げて「V」の形を作る。これを5〜10回、体力に合わせて行ってください。起きるときはスピーディに、元の姿勢に戻るときは、ゆっくりがポイントです。

②**「立ち幅跳び」** 踏切位置から両足で踏み切り、「反り→V字型」の空中動作を意識して跳びましょう。砂場か柔らかい布団やマットに着地するようにしてください。

③「**着地**」 着地でひざが伸びきっているとケガの原因となりますので、立ち幅跳びでも距離が出てきたら、ひざで衝撃を柔らかく吸収する意識を持ってください。かなり遠くへ足を投げ出せるようになって、お尻が砂場に着くようになったら、砂の上を滑る感覚も覚えましょう。あまり脚が上がりすぎると、足よりお尻が先について記録が出ませんので、必ず足先(かかと)が先に砂場に着くようにフォームを調整してください。記録を出すために上体をうまく逃がしたりする、一流選手の工夫をテレビなどで研究してください。

④「**助走を加える**」 一流選手は15ｍ以上の助走距離を取りますが、まずは短い距離から始めて、徐々に距離を伸ばしてください。踏切足(右か左か)はどちらのほうが自分にフィットするか、歩数は何歩で踏み切り板に合うかなどを研究してください。何度も跳んでみることです。

高く跳ぶ

走り高跳び

　原始の時代、敵から逃げ切るには、遠くへ跳ぶだけでなく「高く跳ぶ」こともとても重要だったでしょう。障害物を跳び越えたり、木の枝に跳びついて難を逃れることもあったと思います。

　現代人にとって「ジャンプ」の必要性は、日常の中でそう高くはありませんが、スポーツ選手にとって必要な「バネ」といわれる能力を鍛えるために、練習しておいてソンはない種目かもしれません。

　オリンピックなどの大会での当初は、障害物を「またぐ」延長で「正面跳び」が主流でした。20世紀に入ると、腹ばいの形で跳ぶ「ベリーロール」が誕生、その50年ほど後のメキシコ・オリンピックで、アメリカのディック・フォズベリーが「背面跳び」で金メダルを獲得し、人々を驚かせました。それ以後、記録のためには最適なジャンプ法とされるようになっています。現在では、競技大会でほとんどの選手が、「フォズベリー・ジャンプ（背面跳び）」で跳んでいます。

　背面跳びの流れは以下のようになっています。

　「助走」は、斜め 45 度くらいの角度から入ります。速さよりも

リズミカルであることが大切です。あとは、垂直に跳び上がる力に変える「沈み込み」を含めた助走の歩数を探すことです。

「踏み切り」は、助走のスピードをなるべく垂直方向に活かし、より高いバーを越える力に変える動作です。左右どちらの足で踏み切るか、自分の得意な足をまず探します。強い力を得るには、踏み切る下半身の力だけでなく、引き上げるための上半身の力も必要です。全身の筋トレを取り入れましょう。

「空中動作」は、バーを越えるとき背中から「逆U字型」のアーチを描き、脚を空中で引き寄せて「V字型」で着地できるようにフォームを作ります。

「着地」は、危険でないことが第一です。横Vの形で背中から柔道の受け身のような形で衝撃を受け止めます。頭を打たないように、あごを引き、首の後ろを長くする感覚を持ちましょう。自然に頭が上がります。

背面跳び（体をひねる動作）　　　着地

動作の分割練習法

　高く跳んで背中から落ちるわけですから、どうしても「恐怖」という感覚がつきまといます。まずはこの感覚を克服するために、空中動作のフォームを作りましょう。

① **「立ち高跳び」**　まずはバーを背中側にして立ち、バーを外して高く跳び上がり、マットに背中から落ちる感覚を身につける。幅跳びで紹介した、「Ⅴ字腹筋」をやっておくことは、高跳びにも効果的です。慣れてきたら跳べる高さにバーを置き、胸を反らせて「逆U字型」でバーを越えてから、脚がバーにかからないように抜いて「Ⅴ字」を作って落ちる感覚を磨きましょう。これも慣れたら、箱（30cmくらいから）を置いて踏み切る場所を高くし、高い位置から落ちて背中で衝撃を受け止める感覚を高めていきます。段階を踏むのは、安全性を重視するためです。

② **「ひねり跳び」**　助走を後ろ向きに行うわけにはいかないので、助走から①で慣れたフォームに移行する過程を練習します。箱の上からの①のジャンプに慣れたら、体をバーに対して横向きに構えます。この時踏切足は、バーから遠いほうの足です。この段階ではまだ両足踏切で、練習します。箱の上で横向きの姿勢で構えたら体を90度ひねってから、①のフォームで跳ぶ練習です。

③ **「助走を加える」**　②ができるようになってから、助走をつけ

た練習をするほうが安全です。助走はまず、3歩から始めましょう。踏切足と逆側の肩からバーに近づき、斜め45度の位置からリズミカルにバーに向かい、両足で踏み切って垂直に高く跳び上がる意識でバーを越えましょう。

　腕を上手に使い、上半身の力で高く跳び上がる感覚も必要です。次に助走を5歩〜7歩に伸ばし同じことをくり返します。

　これに慣れたら、もう一度3歩に戻し、今度は、片足で踏み切る練習です。この時は45度から入って直線的にではなくややアールを描いてバーにアプローチし、踏み切るときに、②のように体がバーと直角になるように入ります。最終的には、自分に合った助走の歩数を探し出してください。

　どんな種目でもそうですが、分割練習の過程で、いつもどこを失敗するかを考え、それを克服してから先に進んでください。修正する方法がわからない場合は、練習仲間に相談するとか、本で研究するとか、ネットで質問できるサイトもあるので、いろいろ研究してみてください。

　なお、アテネ・オリンピックの金メダリスト、ステファン・フォルム選手（スウェーデン）の練習法はユニークです。なんとパワーリフティングとハードル（障害物走のように高さがあるもの）走を取り入れています。太いアキレス腱を作ることがジャンプ力を生むという理論です。

水泳

泳げれば世界が広がる

　「基本のき」で浮くことができ、さらに息継ぎをして先に進めるようになりましたか（→ 19 ページ）。さあこれから、クロール、平泳ぎ(ブレスト)、背泳ぎ、バタフライという近代泳法の泳ぎ方をご紹介しますが、その前に水泳の良いところをおさらいしておきましょう。

　まずは、水の浮力があるので、肥満者でも、高齢者でも楽に動けることです。肥満している人は、ジョギングなどでダイエットするとひざに負担がかかり障害に繋がりかねません。これは、高齢者にもいえることです。

　また、水温が低く体温を奪うため、熱エネルギーを必要として脂肪が燃焼しやすくなります。水圧により、動きに負荷がかかるので、筋力もアップします。肺を広げる動作も制限され、自然と腹式呼吸ができるようになります。これは、日常でも深い呼吸に繋がり、さらに脂肪の燃焼効率が高まります。

　というわけで、水泳はダイエットにもっとも適したスポーツだといえます。

　スポーツクラブに行くと、かなり肥満した方が、プールでウォーキングから始めていますし、お年寄りの姿もよく見かけます。

「マスターズ水泳大会」といって、25歳から5歳きざみで100歳までの年齢別で大会が行われていて、国際大会もあります。水泳は、歳をとってから始めても遅すぎるということはないのです。

国内大会には、のべ10万人を超える参加者が集い、80代半ばの方が元気に泳いでいます。

社団法人 日本マスターズ水泳協会のホームページに各地の大会の情報が掲載されますので、以下にURLを掲載しておきます。興味のある方は、アクセスしてみてください。

http://www.masters-swim.or.jp/races/index.php

目をメンタルのほうに向ければ、水平に浮いて重力から解放されると気持ちがゆったりとして落ち着きます。水に対する自信がつけば、シュノーケリングやダイビング、サーフィンなどのマリンスポーツにも世界が広がっていきます。

ぜひ、「泳ぐ」ことに取り組んでください。

クロール

ストリームライン

　クロールは、自由形ともいわれるように、あらゆるルールを外して一番自由で、速く泳げる泳法です。走ることと同じで、同じようなフォームから、キックやストロークのリズムを変えることによって、速く泳ぐだけでなく長く泳ぐにも適しています。

　まずは、「基本」で説明した「けのび」を思い出してください。プールの壁を蹴ってできるだけ水の抵抗を受けないように、体を水面と平行に一直線に伸ばします(→22ページのイラスト)。この時の体の形を「ストリームライン」といいます。

　これは、水泳をする場合、陸上競技における「正しく立つ」と同じように基本的な形です。ここでも「コア」が大切になります。腹筋に力を入れ、内ももを締めて足の親指がふれ合うくらいに近づけます。キレイなストリームラインを身につければ、それだけ水の抵抗が少なくなり、速くあるいは少ないエネルギーで水中を進むことができます。

　ストリームラインができると、どの泳法でも効力を発揮します。また、どの泳法でも美しいフォームを分解すると、一連の流れの中に必ず現れる姿勢でもあるのです。

スタート時にストリームラインでできるだけ距離を稼ぎ、水面に浮いてきたところから泳ぎは始まります。

泳ぎの流れ

クロールは、一見、バタ足（キック）が推進力になっているように見えますが、実は前に進む力は腕をかくこと（ストローク）により、ほとんど得られているのです。キックは体を安定させるために打っているといってもいいすぎではないほどです。

そこで片方の腕の動きを分解して見てみましょう。

① **「エントリー」** 手を水に入れる。
② **「キャッチ」** 水を捕まえる。
③ **「スカーリングプル」** 捕まえた水を体の側面にかき込み、推進力に変える。
④ **「フィニッシュ」** 捕まえた水をももの下側に押し込む。
⑤ **「リカバリー」** 腕を水面から空中に出し、①に繋げる。

上の動きは、他の泳法でもほとんど共通します。以下にクロールの右腕の動きを見ていきます。

①エントリー

水に手を入れたら、水面下斜め前方へできるだけ手を伸ばす。手が遠くに伸びるほど、ストロークが大きくなる。

②キャッチ

エントリーした手の手のひらで下に水を押す。文字通り「水を捕まえる」ということ。

③スカーリングプル

手のひらを後方に向けて水をかく。ひじの角度を90度よりやや大きめにしておへそのほうに引き込み、さらに太ももの外側に水を押していく。これが前に向けての推進力になる。

④フィニッシュ

水を押した手が太もものあたりにいったら、リカバリーに向けてひじから水面に抜き上げていく。

⑤リカバリー

ひじを腕や手より高く上げて空中に抜き、再びエントリーに繋げる。

ローリングとキック

　エントリーで水に入れた手をできるだけ伸ばすと説明しましたが、伸ばしていく手のほうに、体の軸を中心に回転していく感覚がつかめると思います。下を向いたままでストロークするよりフォームが大きくなり、逆の肩が水面より上に行くので水の抵抗が減り、速度もアップします。コアがしっかりしていれば、回転が安定します。スムーズにローリングしていれば、呼吸の時に無理に首をひねらないでも楽に息が入ります。

　①から⑤までをワンストロークといい、この間に足を何回キックするかですが、ゆっくり長く泳ぐなら、2ビートくらいが適当でしょう。速さを目指すなら、4ビート、6ビートと回数を多くしていきます。ストロークとキックのタイミングが合うと、強い推進力を生みます。

　キックは、ももの付け根を基点に蹴り下げます。ひざを曲げないほうが脚を長く使えるので強いキック力を生みます。ただ、「ひざを曲げない」にこだわると、足の甲で力強く蹴ることが難しくなりますので、ムチをしならすイメージで、蹴り下げる最初の瞬間には軽くひざを曲げて打ち下ろすイメージが良いでしょう。

　逆の脚は蹴り上げる形になるので、こちらはひざがまっすぐ伸びているように。足首までまっすぐ伸ばして、脚をできるだけ長く使いましょう。

平泳ぎ

　平泳ぎは、ゆっくり長く泳ぐのに向いています。ただ、ひざと腰に負担がかかる泳ぎ方ですので、ひざ、腰に痛みがある方は避けたほうが良いと思います。

ストローク

　腕の動きから見ていきましょう。平泳ぎでは、手足は常に水の中にあるので、エントリーはありません。

①キャッチ

ストリームラインから、手のひらをかえして両手の親指を下にしてに水をとらえる。前方のできるだけ遠くから後ろに向けて手を開いていく。

②スカーリングプル

両腕はひじを高くして、外側後方に水をかいていき、肩と上腕が平行になるあたりから、脇を締めて体の下に水をかき込む。

③リカバリー

腕を伸ばしていき、ストリームラインを作るように意識しつつ、次の動作(キャッチ)に備える。

キックと呼吸

キックは、ストロークと「ひとかきひと伸び」でシンクロさせて、できるだけストリームラインを作るように、腕が伸びているときは、脚も伸びていることを意識しましょう。

記録を目指す競泳ではカエル足は使いません。

キャッチからスカーリングプルの間に、足首を曲げて、足をお尻に引きつけます。両足をあまり広げず、むしろ足首を伸ばしてタテに蹴るイメージです。後述するバタフライのドルフィンキックに似ています。足の裏でより多くの水をとらえてください。腰は反らないように、沈まないように。

呼吸は、スカーリングプルの勢いを利用して顔を上げ、空気を飲み込むようにします。うまく吸うには、水中バブリングで息を吐ききっておきましょう。あごが上がらないように注意してください。

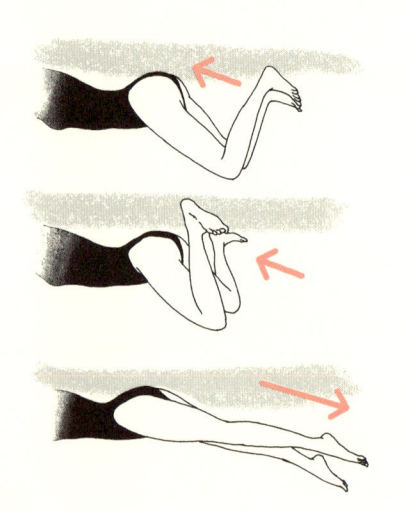

ラクな泳ぎ方

ひざや、足首に負担をかけずに泳ぐには、カエルのように足を開いて水を挟み込むキックの仕方（ウエッジキック）に変えると良いかもしれません。かかとをお尻につけるタイプより、ひざに負担がかかりません。

背泳ぎ

　背泳ぎは、上を向いて泳ぐので、呼吸の心配をしないでいい泳法です。女性は浮きやすく、男性は沈みやすいので、上下は逆になりますが、ストリームラインを意識してください。

①エントリー

肩が耳をこするように、まっすぐ進行方向に手が水に入る。

②キャッチ

水中で手のひらを外に向け水を捕まえる。

③スカーリングプル

ももの方向に水を体の側面にかき込む。テレビで見ていると空中動作しか見えないので、水車のように腕を伸ばしたまま回しているように思うかもしれないが、実は、水の中では腕は直角に近くたたまれて水をかいている。
感覚をつかむために、背浮きの状態で蝶が羽ばたくように腕を広げて体側に水を押しやりながら泳ぐ（チョウチョ泳ぎ）練習をすると、効果がある。

④フィニッシュ

水を下後方に投げ下ろすイメージで。すぐに手のひらをもも側に向けて、親指から空中に抜き上げていく。

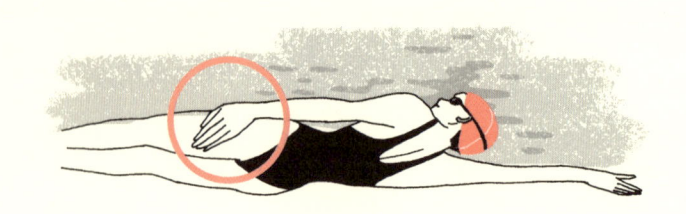

④リカバリー

空中では腕を伸ばしたまま、再びエントリーに繋げる。

ローリングとキック

　クロールと同様、体の軸を中心に回転しながら泳ぎます。ローリングにより手が遠くに伸ばせ、正しいストリームラインが取れていれば、水面に出る部分が多くなるので水の抵抗が減り、大きな推進力が得られます。

　初めは、腰が浮いたり、反ったりしがちで、顔が水面から潜ってしまい呼吸がうまくできず「背泳ぎは難しい」ということになってしまいます。ストリームラインを意識することが重要ですが、そのためにも正しくキックすることも大切です。

　クロールを仰向けになってするイメージを持ってください。蹴り下げるのではなく、蹴り上げるほうに気合いを入れるということです。足の甲を伸ばし、柔軟に使って、水を遠くに押しやるのです。

　両足を少し内股気味にして、親指同士がふれ合うように交互に動かすとうまくいきますよ。

バタフライ

　バタフライは、平泳ぎが変形した泳法です。ヨコの動きがタテになって、推進力を生み、平泳ぎより速くなります。腰に負担が大きくかかるので、腰に痛みが出たら控えてください。

　腹筋、背筋を鍛える筋トレと正しいフォームを意識することが、なにより大切です。

ドルフィンキック

　バタフライの特長は、何といっても、イルカが泳ぐようにキックすることです。両足をそろえたままイルカの尾ひれのようにしならせながら上下させます。足首は伸ばして柔軟にしならせるように。ワンストロークの間に2回キックします。第1キックは大きく力強く、第2キックは、バランスをとるため小さくすばやくというリズムを大切にしてください。

ストローク

背泳と同じに空中動作しか見えないので、水車のように腕を伸ばしたまま回しているように思いがちですが、水の中では平泳ぎのような腕の動きが入っています。万歳を続けるだけではないのです。

バタフライは特に、キックとストロークのタイミングを合わせることが必要です。

①エントリー

両手同時に水に入っていくが、「できるだけ遠くへ」は他の泳法と同じ。バシャバシャと泡を立てて水に手を入れるのは、エネルギーの無駄遣いです。手のひらを少し外に開いて、親指から入水する。キックはこの時蹴り上げの直前でひざが軽く曲がる。

②キャッチ

手のひらを下に向け体の前方にある水を、グンと下に押す。ここから、③のスカーリングプルの間にひざを曲げて柔軟なキックにつなげていく。

③スカーリングプル

手のひらを後ろに向けて水を胸のほうで捕まえる。この手の動きはほとんど平泳ぎと同じ。その後さらに後ろに押しやる。この勢いで、上体は水面に出て行く。キックは思い切り蹴り下げる。

④フィニッシュ

捕まえた水をももの下まで押し込み、手のひらを太もも側に向けて小指から空中に抜き上げる。この時、顔が水面に出て呼吸をする。キックは蹴り下げた足が、一番深くまでいっている。

⑤リカバリー

両腕を羽のように広げて、肩を柔軟に使い腕を前に伸ばして、エントリーに繋げる。

球技

ボールゲームの楽しさ

　これまでは基本的な運動能力を発揮する種目を紹介しました。もちろんこれまでの種目も競技として行う場合は作戦も必要になりますが、球技は、より作戦やチームワークを楽しめる種目です。身体的な運動能力によってうまい下手が限定される種目ではないので、自分の長所を見つけて、チーム内での役割を果たすという楽しみもあります。

　ボールや相手選手の動きによって様々な対応をしなければならないので、ボールゲームを続けることによって、いわゆるサイバネティック系の運動能力が発達し、タイミング、リズム、バランス、柔軟性を備えた軽快な動きをする体を作ることもできるのです。さらには、ボールや相手の動きを予測する力も球技では上達に必要になります。

　以前、陸上競技100mの日本記録保持者がプロ野球に挑戦したことがあります。ピンチランナーとして１軍の試合に出るようにはなりましたが、一流選手にはなれませんでした。また、バスケットボールの神様とまでいわれるマイケル・ジョーダン選手が、メジャーリーグに挑戦したことがあります。バスケを引退後の挑戦だったこともありますが、彼ほどの人でも２年間２Aどまり

で、メジャーに昇格することはありませんでした。

　同じボールゲームでも、才能が共通しているわけではないのですね。逆に考えると、自分に合った種目を見つけると、他の種目ではうまくいかないと思っていても、急速に適応できるという期待も持てるのです。

人間力も磨ける

　球技は点を取ることを目的としてメンバーが協力し合います。それが勝利に繋がるので、「チーム」でどうしたら点を取れるかという戦略を考えていくのです。戦略を監督任せにして、ひとりひとりの選手は勝手な方向を向くというわけにはいきません。良い選手は、必ずチーム全体の中での自分の役割を知ったうえで、それにどう応えればいいかという気持ちで練習しています。役割に合わせた技術を研ぎ澄まし、チームの勝利に貢献するという姿勢が身につきます。

　よく「ワン・フォー・オール、オール・フォーワン。1人はみんなのために、みんなは1人のために」といわれますが、まさにこのことなのです。もちろんチームの全員が、個々の選手が十分自分の特長を生かして活躍できるよう協力し、お互いに励まし合い、尊敬し合える関係になることがチームワークを生むのです。

　ソフトボール、バレーボールなどではサインプレー、サッカーなどでは、アイコンタクトといった、選手同士、監督と選手の間

のコミュニケーションもあります。これも普段の地味な基本技術練習の成果をお互いに知り、個々の選手のできることできないことを知ったうえで、相手を信頼してコラボレーションするのです。こういった戦術がぴたっと決まったときの快感は何ものにも代えられません。ボールゲームの醍醐味といえるでしょう。

球技にも種類がある

　中学では、球技を次の3つの種類に分けて学んでいます。基本技術の正確さ、応用技術の巧みさ、スピードや敏捷性（すばしっこさ）などを身につけられるよう練習することは共通ですが、それぞれによって違うところもあるので、ここではその分類法に従って説明します。

①**ゴール型**　相手コートに侵入して攻撃、防御を楽しみ、ゴールにボールを入れることによって点を取るゲームです。サッカー、バスケットボール、ハンドボールなどです。

　筋持久力だけでなく、心肺機能を含めた全身持久力が鍛えられます。練習では、安定したボールコントロールを覚え、戦略的には、空間を作り出すことによって、ゴール前に攻め入る形を作っていきます。

②**ネット型**　ネットをはさんでの攻撃、防御を楽しみ、一定の得点に早く到達することを競います。バレーボール、テニス、卓球、バドミントンなどです。特に筋持久力を鍛えることができま

す。ポジションといった役割に応じたボール（シャトル）操作や種目によっては用具の上手な使い方を覚え、戦略的には、ラリーといってネットを越してボールを打ち合い、選手間の連携で空いた場所を狙って相手の連携を崩したり、得点に繋げることを練習します。

③ベースボール型　攻守を交代して攻撃、防御を楽しみ、一定の回数内で相手チームより多くの得点を競い合うゲームです。野球、ソフトボールがこれに当たります。体やバットの操作、走塁での攻撃、ボール操作と決まった位置での守備、連携した守備などの練習をします。瞬発力、筋力、筋持久力が鍛えられます。

　アスリートなら誰でも持ち合わせるフェアプレイの精神ですが、特にルールが複雑なこのタイプの種目の選手に要求されます。審判への信頼、尊敬心も求められます。

　さあ、次のページからは各タイプの代表的な種目を取り上げていきますよ。

サッカー

　ゴール型の代表スポーツとしてサッカーを取り上げます。サッカーは、1981年から『週刊少年ジャンプ』で連載が始まった「キャプテン翼」（高橋陽一著）によって、飛躍的に人気が高まり、今ではかつて国民的スポーツといわれた野球と双璧の人気を誇っています。テレビ中継も多いので、イメージがつかみやすいスポーツといえるでしょう。

　ボール1つあればとりあえずできるので、世界中で一番普及しているボールゲームでもあります。

　「キャプつば」の主人公、大空翼君は「ボールは友達」と、いつも足下にボールをコントロールしながら大きくなり、世界的なプレーヤーになっています。個人的には、このようにボールの操作が上手になることを目的に練習するのですが、まずは大きな視点からチーム全体を見つめ、だんだん個人の技にフォーカスする形で説明します。

　この形のほうが、前ページでふれた「チームの中の選手」という気持ちで読み進めていただけると思いますし、プレーはともかくサッカー観戦の楽しみを得たいという方にも、楽しく読んでいただけるのではないでしょうか。

サッカーのルール

　サッカーは、フィールド内に11人のプレーヤーを配し、相手のゴールにボールを入れることで点を取り、一定時間内（国際ルールではハーフ45分）の得点を競い合うゲームです。手と腕でボールを扱うことが極端に制限され、ほとんどの場合、足でボールをコントロールしなければなりません。

　細かい点は、毎年ルール改正が行われます。最新のルールの詳細は、日本サッカー協会のホームページ（http://www.jfa.or.jp/match/rules/index.html）に掲載されていますので、興味のある方はアクセスしてみてください。

ポジションと役割

　ポジションの名前は、4種類あります。自分のチームのゴールに近い方から、①ゴールキーパー（GK）、②ディフェンダー（DF）、③ミッドフィルダー（MF）、④フォワード（FW）です。それぞれが以下のような活躍をします。

①ゴールキーパー（GK）　敵チームのシュートをゴールに入れないように守る最後の砦。味方のクリアミスがゴールに向かってくるときもゴールに入れてはいけません。手を自由に使える唯一のポジションです。

　守備だけではなく、攻撃の起点にもなります。ボールをキープ

したら、適切に味方に渡して、攻撃に繋げてゆきます。ピッチ内の味方のフォーメーションが見渡せるので、スペースを空けないようにポジショニングを指示します。

②ディフェンダー（DF） 敵の攻撃を防ぐのが主な役割です。どういう攻撃を仕掛けてくるかを予測する能力と、ゴールとの位置を常に考えるポジショニングの能力、ぶつかり合いが多いので体バランスと競り負けない強いフィジカルが必要とされます。

守るゾーンやマンマークの仕事によって、ストッパー、リベロ（スイーパー）、センターバック、サイドバックと呼ばれることもあります。

③ミッドフィルダー（MF） 攻守の要となり、チームのゲームメイキングをする役割を担います。敵の攻撃も防御も読み取って、正確なポジションを取り、攻撃に繋げるパスを出すのです。サッカーセンスがもっとも求められるといわれます。

守備的ミッドフィルダーは、ボランチと呼ばれることもあります。長短自在なパスを駆使し、ディフェンダーと協力して敵の有利な展開を阻止するのです。

攻撃的ミッドフィルダーはよく「司令塔」と呼ばれ、シュートに繋げるラストパスを出すことが求められます。もちろん、自らシュートする意識も持ち合わせなければなりません。

④フォワード（FW） 得点することが仕事で、ストライカーとも呼ばれます。常にゴール枠をイメージしてプレーすることが重

要です。敵のディフェンスから激しいチェックを受けるので、フィジカルの強靭さと精神的な強さが必要とされます。ドリブルでの突破力、ヘディングの高さ、敵のミスをゴールに繋げるポジショニングなどがもっとも求められるのです。

フォーメーション

それぞれのポジションの選手をどう配置するかが、フォーメーションで、これを決めるのが、監督の重要な役割です。

現代のサッカーでは、ディフェンダー、ミッドフィルダー、フォワードの数によって、「4-4-2」などと呼ばれます。攻守のバランスが良く基本的な「4-4-2」だけでなく、多彩な攻撃が仕掛けられる「4-3-3」、同じツートップでも、ミッドフィルダーを増やし、サイドからの突破を容易にする「3-5-2」、ワントップにして守りに重点を置く「4-5-1」などのバリエーションが見られます。

ピッチの名称と「4-4-2」

サッカーはスペースを奪い合うゲーム

　監督がフォーメーションを決めても、いざ試合が始まったらゴールキーパー以外の選手が皆ボールに群がって、「だんごサッカー」になってしまったなんてことが、初心者によくある話です。ピッチは広いのです。守るときはできるだけスペースを空けない、攻めるときは相手の陣形を崩してスペースを作り出すことが、サッカーの戦術です。

　そこで、ボールを持っていないプレーヤーのいる位置と意識が重要になるのです。

　攻撃の時は、ボールとゴールが同時に見える場所に立つ、パスを受けるために、ゴール前の人のいない場所に動く、ゴール前で守備者を引きつけて動き空間を作るなどを心がけましょう。

　守備の時は、ゴールとボールを持っている人を結んだ直線上を守り、相手選手をマークしつつ空間を作り出さない動きを心がけましょう。とりわけゴール前の空いている場所をカバーする動きが重要です。

得点への高い意識を

　ゴールを割り、点を取るためには、常にシュートに繋がるように動かなければなりません。パスを回してチームでボールをキープし、相手の陣形が崩れてゴール前に空間ができれば、シュート

に繋げやすいのです。

　ボールを持ったら、マークされていない味方を見つけてパスしましょう。パスを出したら、すぐに受けられるように動きます。味方にパスを出すコースを作り出すために、ドリブルなどでボールをキープすることも必要になってくるでしょう。

　ゴール方向に守備者がいない位置でボールを持ったら、シュートです。守備者が守りにくいタイミングでシュートを打つセンスも持ちたいですね。ゴール枠内にシュートをコントロールする技術も求められます。

　フリーキック、ペナルティーキック、コーナーキックなどのセットプレーが得点の鍵を握る場合もあります。ヘディングシュートに繋がることが多いですね。

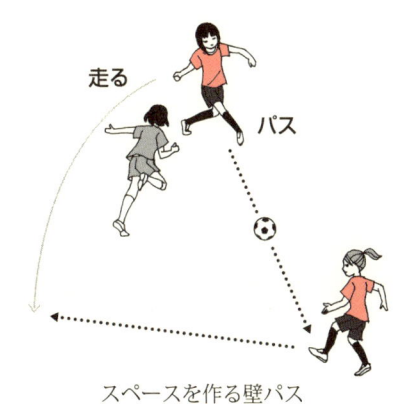

スペースを作る壁パス

基本技術のマスター

　個々のプレーヤーのテクニックを最後に回したのは、戦術を理解してから取り組んだほうが、得点する、あるいは相手にさせないという目的にかなう練習ができるからです。

サッカーの基本技術には、①キック、②ドリブル、③ヘディング、④トラップなどがあります。ここでは、ゴールキーパーの技術は省きます。

①キック　手を使うことを制限されるサッカーの基本の技術です。ゴールを狙って蹴る場合が「シュート」、味方の選手に渡すように蹴る場合は「パス」になります。初心者は、思い切り蹴って強いボールを出せば良いと思いがちですが、むしろボールコントロールが重要です。長短、角度、高低などボールの軌道をイメージしてその通りに蹴れるように練習しましょう。パスは正確であることが重要です。シュートはキーパーが取りにくいように、回転をかけたり、角度をつけたりするイメージを持ちましょう。

　インステップキック、インサイドキック、ヒールキックなどと仰々しい名前が付けられていますが、要は足のあらゆる部分でイメージ通りのキックができれば良いのです。右足でも、左足でも蹴れるように。

②ドリブル　足下でボールをコントロールしながら転がしていく技術です。ドリブルは、空きスペースを見つけてパスやシュートに持っていくために必要なテクニックですので、視線は足下のボールではなく、常に周りを見回している必要があります。ボールを見ないでもできるように練習してください。

③ヘディング　空中にあるボールを頭で落としてシュートやパスに繋げるシーンは、ゲームの中で度々見かけます。おでこだけで

なく、頭の横に当ててボールの方向をコントロールしたりもしています。頭を振るだけでなく、全身のバネとひざを使うことによってボールコントロールを身につけてください。

④トラップ　自分のところへ来たボールを足の裏、インサイド、アウトサイドなどを使って自分の思い通りにコントロールする技術です。いつでも受け取りやすいボールが飛んでくるわけではないので、体のあらゆる部分を使ってボールをキープできるように練習することも必要です。

①ボールの上に足を乗せ、後ろに転がして素早くボールをすくい上げる。シューズのひもの真ん中あたりでボールの芯をとらえ、弾ませる。これができるようになったら、胸のあたりまで上げて、ももとひざでリフティングできるように練習する。
②さらに高く上げて頭でとらえ、おでこの真ん中あたりでもボールをキープできるようにする。
③胸に落として、またももでのリフティングに戻す。

バレーボール

　ネット型では、バレーボールを取り上げます。バレーボールは、かつて「東洋の魔女」と呼ばれたチームが、東京オリンピックで金メダルを獲得したことで、日本での人気スポーツになりました。ソ連との決勝戦のテレビ視聴率は70%に迫り、未だにスポーツ中継の最高記録なのです。その後も男女とも世界の頂点を極めています。現在はその面影はありませんが。

バレーボールのルール

　「9人制」と「6人制」があります。9人制は日本独自で発達したもので、「ママさんバレー」など地域スポーツとして普及しています。ここでは、国際大会で採用されている、6人制に限って記述します。

　6人制のルールは、国際バレーボール連盟が決めています。4年に一度オリンピックが終わった後に改正されるので、比較的頻繁に変わります。最新情報は、日本バレーボール協会のホームページ（http://www.jva.or.jp/）で確認できます。

　ルール改正では、世界各国が自国に有利に改正しようと行動します。ある意味、国際政治の場でもあるのです。日本は、バレー

ボールだけではなく他のスポーツでも、この交渉が下手だとよく言われます。ルールが変わったため、それまで世界のトップを争っていたのに、まったくダメになった種目もあります。

　最近の大きな改正は、サイドアウト制からラリーポイント制に変わったことと、リベロ（→114ページ）が登場したことです。サイドアウト制は試合時間が長くなりがちで、テレビ中継に適さないので、変わったといわれています。リベロの登場は、今まで、「バレーボール選手＝背が高い」という図式を少し崩してくれ、身長に恵まれないプレーヤーに救いをもたらしました。

　個人的な考えですが、バレーボールは身長の高さがかなり有利に働きます。ボクシングや柔道には体重別制が採用されているのですから、身長別制にしても良いのではないでしょうか。日本には有利だと思いますけど。

ポジションとローテーション

　6人制バレーの特色は、ローテーションです。サーブ権を得るとバックライトに回ってきた選手がサーブを打ちます。相手チームからサーブ権が移ってくる度に、時計回りにひとつずつポジションが移ります。このポジションの位置関係は、相手チームがサーブを打つ瞬間まで変えてはいけません。逆に言えば、サーブを打った後は自由に変更可能です。

　最近では、セッターとリベロ以外の4選手はほとんどオールラ

ウンダーなので、ポジションの意味は薄れてきています。セッターが後衛からネット前に走り込む以外は激しいポジションチェンジもなくなってきました。

　前衛（フロント）、後衛（バック）に分かれ、後衛に回ったらアタックラインより前に出てアタックやブロックをしてはいけないというルールになっています。これにより、バックアタックという技術が生み出されました。

　それでも「大砲」という言葉で、エースアタッカーを呼んだりはしますし、クイックなどを得意とする「センタープレーヤー」という呼び方も残っています。

得点への戦術

　相手チームから自チームのコートにボールが入ってから、3回以内に相手チームのコートにボールを返さなければなりません（ブロックのワンタッチは、1回に数えません）。通常は、「レシーブ」→「トス」→「アタック」の流れになります。相手チームのコート内にボールが落ちれば得点になります。また、相手チームが自チームのコートのラインの外にボールを落とした場合も得点になります。こうして先に25点取ったチームがセットを奪い、3セットを先に取れば、ゲームの勝利者になれるわけです。

　なお、相手チームがダブル・コンタクト（ドリブル）、キャッチボール（ホールディング）などの反則をした場合も点がもらえ

ます。反則も呼び方が変わっているので（かっこ内が以前の呼称）、注意が必要ですね。

　ミスでもらう点もありますが、大会のレベルが高くなればなるほど、相手チームのミスは期待できなくなります。

　積極的に相手コートのスキ（空間）を見つけ、アタックやフェイントでそこを狙っていきましょう。

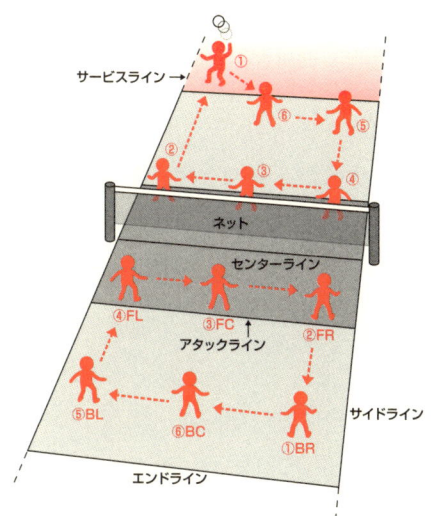

各プレーヤーの役割

①**セッター**　主にレシーブされたボールをアタックに繋げるトスを上げます。自チームのアタッカーの特性や相手チームの動きにより多彩なトスをくり出す、チームの司令塔です。特にオーバーハンドパスの巧みさが求められ、レシーブが理想的な位置に返ってこない場合でも、どんな体勢からでも打ちやすいトスを上げる能力、頭の後ろに眼が付いているのではないかと思わせるほど、相手チームの動きを読むセンスなど、総合的な運動能力を持ち合わせた人が向いています。

②**アタッカー**　スパイカーともいいます。高いジャンプ力で角度

のあるアタックを相手コートに突き刺します。また、素早く走り込むクイックでブロックをかわす、相手のブロックにわざと当ててアウトを狙うなど、攻撃を担います。オールラウンドの技術が求められ、レシーブやブロックの高い技術も求められます。

③**リベロ**　他の選手とは別のユニフォームを身にまとっています。後衛の選手といつでも交替でき、守備のスペシャリストで、逆に言うと、攻撃には一切参加できず、アタック、ブロックはもとより、サーブもできないのです。主にレシーブを担うため、アンダーハンドパスの高い能力が求められます。飛び込んで取ったり、回転したりとスーパープレーをくり出し、見る人を魅了するポジションでもあります。

ゲームメークに必要な基本技術

　バレーボールの全体像をおわかりいただけたところで、勝利に貢献する個々のプレーヤーの基本技術に入ります。

①**サーブ**　ゲームはサーブから始まります。サーブで相手を崩せば、自チームに有利な状況が作り出せます。また、強いサーブや変化のあるサーブをくり出すことによって、サービスエースを取り、1人で得点することもできるのです。

　正確なサーブを身につければ、相手チームの弱点を狙ってサーブを打つこともできますし、アタッカーやセッターに取らせて、攻撃のリズムを崩すこともできるのです。

サーブの打ち方には、フローターサーブ、強く打てるオーバーハンドサーブ、ジャンプサーブなどがあります。

　特に、フローターサーブは、練習すれば狙った所に打てるようになります。また、ボールのどこをヒットするかにより、回転をかけてボールを変化させたり、無回転のまま相手コートに揺れながら入るボールも打てます。

フローターサーブの打ち方

①左手での正確なトスアップが、良いサーブを打つ秘訣。
②ボールが空中にある時十分体をひねって、パワーをためる。正確性が重視される場面では、トスを低く上げ、体のひねりも小さくして確実に狙った所に入れる。
③体重を前にかけヒット。コアの力を意識することと、ボールから目を離さないように。

②アンダーハンドパス　主にサーブやアタックのレシーブの時に用います。低いボールや体のかなり前のボールを拾えます。ボールの落下点にフットワークを使って低く入り、ひざのバネを使ってボールを目標に送り込みます。手首を下にコックするのがコツです。ボールの高低などの軌道をイメージ通りにコントロールする練習もしましょう。低く速ければクイックが決まりやすくなりますし、自チームのフォーメーションが崩れているときは、高い軌道で体勢を整える時間を稼ぐなどリズムを作り出せます。

①落下点を予測し、ボールの下に十分腰を落として入る。
②ボールの中心を上腕の手首に近い方にヒットさせる。この時、腕全体が板のようになるよう脇を締める。腕はあまり振らない。むしろ勢いを殺すように。
③最後は、パスを渡す相手におへそを向けるように練習しよう。

③オーバーハンドパス　主にセッターがトスを上げるときに用います。他の選手にも使う機会はありますので、②と同じく強弱、

高低もイメージ通りにできるよう練習しましょう。

④アタック　コートの外から切れ込んで、クロスやストレートにスパイクを打ち込みます。相手チームの空きスペースを瞬時に判断してそこに落とす良い眼も必要です。相手ブロックのタイミングが合っていたら、手首をひねってアウトを狙うとか、ジャンプして腕を振る間に判断するセンスを身につけましょう。また、クイックは、ブロックを外すことが目的ですから、敏捷に対応することも要求されます。腹筋、背筋の強さ、持久力を鍛えましょう。判断はセンスですから、経験を積んで身につけましょう。

⑤ブロック　アタッカーはブロッカーにもなります。チームによっては、セッターもブロックに参加します。守る側の技術ですので、レシーバーとのフォーメーションもうまくいかなければ、空間を空けてしまいます。相手チームのトスにサイドステップで素早く反応し、アタッカーのタイミングに合わせて跳ばなければなりません。

ブロックの練習法

壁に正対し、両手を肩のあたりまで挙げて構え、腕を伸ばしながらジャンプ。なるべく高い位置でボールをとらえて、押すイメージを持つ。両手の指はしっかり広げる。

テニス

　ネットをはさんでラリーを続ける「ネット型」のスポーツとして、もうひとつ、テニスを簡単に取り上げます。

　ラケットという用具を使いこなすところが、次の「ベールボール型」に通じます。

　女子と男子が一緒に、真剣なゲームを楽しめるのも、テニスの魅力のひとつです。なお、軟式（ソフト）テニスもありますが、ここでは硬式テニスについて説明します。

テニスのルールとマナー

　ルールは、各国協会が加盟する国際テニス連盟が定めています。大きな大会では、それに合わせて開催要項も定められます。日本語では、『JTAテニスルールブック』が毎年発行されますので、最新ルールはこちらでご確認ください。

　基本的には、エンドラインの右サイドと左サイドから交互にサーブを打ち（相手コートの逆サイドのネット際四角いゾーン内に）、レシーブ側は自コート内で2回バウンドする前に相手コートに打ち返す、サーブした側も同様に打ち返す、これを続けることをラリーといいます。

①サーブを2回続けてミスしたとき（ダブルフォルト）、②サーブにノーバウンドでレシーバーがふれたとき、③自コートでボールが2回バウンドしたとき、④自分の打ったボールがノーバウンドで、相手コートのエンドラインやサイドラインを越えたとき（アウト）、⑤ラケット以外の部位がボールにふれたときなどに、相手の得点となります。

　相手から、4ポイント奪うと1ゲームを取り、6ゲーム奪うと1セットを取れます。3セットマッチで、2セットを先取することを目的にします（他にローカルルールもあります）。

　得点の数え方にテニスのおもしろさがあります。

　「0」はラブ、「1ポイント」は15（フィフティーン）、「2ポイント」は30（サーティ）、「3ポイント」は40（フォーティ）、「4ポイント」でゲームとコールされます。

　得点の度に審判が「ラブ、フィフィティーン」「サーティオール」などとコールします。サーバー側の得点が先になります。

ラケットとグリップ

　ボールはラケットの中心部分（スイートスポット）で打つことが基本です。なかなか当たらない場合は、手のひらでボールを受けるところから始めてください。感覚がつかめます。

　ラケットの扱いでは、握り方（グリップ）が重要です。同じフォームから打っても、グリップ次第でスピンのかかり方が違いま

す。基本的なグリップを写真で紹介しますが、慣れてきたら少しグリップを変えてみて、いろいろ試してください。

イースタングリップ

左手でラケットを地面と垂直に持ち、右手のひらをラケット面に合わせる。そのまま引き下ろして握る。基本的なグリップ。

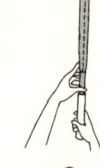

コンチネンタルグリップ

イースタングリップからラケットを内側にひねり、親指と人差し指の「V」がラケット面の左角と合うように握る。サーブ、スマッシュ向き。

両手のバックハンドグリップ

左手でラケットを地面と垂直に持ち、右手はフレームを挟むように持つ。そのまま引き下ろして握る。左手はイースタングリップと同じように添える。打つときは、左でフォアハンドを打ち右手で支えるイメージ。

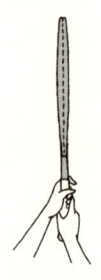

上手なゲームメイク

何といっても、テニスの醍醐味はラリーです。ラリーを続けていくうちに、相手コートに空間を作り、そこにボールを落として得点を競うわけです。

まずは、ラケットの扱い、ボールの打ち方、受け方に慣れましょう。強いボールを打つより、打ちたい場所にネットを越して打ち入れられるボールコントロールが肝心です。ラケットの面の作り方やこすり方、当てるときのグリップでさまざまなボールが打てます。楽しんで身につけてください。

　そして、重要なのはコート内のどの位置にいるかというポジショニングです。コートには、「デッドゾーン」というのがありまして、そこにいると相手からのボールが打ち返しにくいのです。初級者はまず、フットワークを使って、ここにいないように努めることです。

　ボールを打つコースは、対角線に打つ「クロス」とサイドラインに沿うように打つ「ストレート」が基本です。攻めるためには、相手のデッドゾーンに深く打ち込みましょう。

　ボールが相手コートに浅く入るとネットに詰めてこられ、ボレーで決められてしまう確率が高くなります。まずは、長く深いボールを打ち込めるように練習してください。

ダブルスのコンビネーション

ダブルスで、ボールを扱わないときは、常にパートナーの位置を確かめて、コート内にスペースを空けないようカバーする気持ちが重要です。また、ボールを打ったらできるだけ定位置に戻って、パートナーの負担を軽くしましょう。

図のようなポジションが基本ですが、攻めのテニスでは4人ともネットに詰めて、ボレー合戦になることも多く、ボレーに磨きをかけることも必要です。

ダブルスの基本ポジションとデッドゾーン

外の枠線までがダブルスのコートです。斜線の部分が「デッドゾーン」。「▲」の基本ポジションが、現在の主流です。ひとりが前衛、ひとりが後衛で、ネット際に甘い球が来た場合、ボレーで攻める比較的攻撃的な布陣です。「●」のポジションは、後ろ平行陣といって、相手のサーブが強烈な場合に有効です。

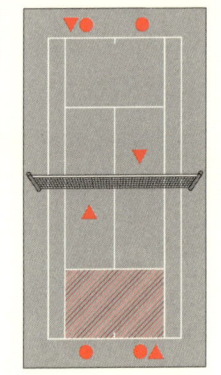

基本のストローク

①フォアハンド　利き腕の方向で打つので、もっともマスターしやすく、これができるようになればラリーを楽しめます。グリップによって様々なスピンをかけられますが、まずは基本のフラットな打ち方をマスターしましょう（次ページを参照）。

②バックハンド　利き腕を使いにくい方向に来たボールも打ち返す必要があります。十分に右肩を回して、ボールの勢いに負けないように右足に重心を乗せて打ちましょう。初級のうちは、相手のバックにボールを集めれば、得点を稼げます。

③サーブ　上から打ち下ろす高速サーブだけでなく、確実なサーブを持ちましょう。セカンドサーブが確実に入る自信があれば、

ファーストサーブを思い切り打てます。

④ボレー　ラケット面を作ってヒットします。あまり大きな動作をしないようにして、空きスペースに落とす練習をしましょう。

⑤スマッシュ　相手が、甘いボールを高く上げてきたときは、攻撃的に相手コートにたたきつけるスマッシュを放ちます。

⑥ロブ　ボールを高くうちあげると、陣形を整える時間稼ぎができます。これも相手コートの深いところに入れないと、スマッシュの餌食になりますが、戦略的には使えるショットです。

基本的なフォアハンドストローク

①右打ちの場合、左肩をネットに向けてラケットを引く。左手でボールをつかむイメージで左足をかかとから踏み込んで振りに行く。

②ヒットポイントでは、ラケット面が地面と垂直に（基本的には）、体はおへそが打つ方向に向き、左足の前でボールをとらえる。

③ヒットした後は、ボールを運ぶイメージでラケットを前方に押す。ここまで手首を返さない。

ソフトボール

　ベースボール型の球技の代表選手は、もちろん野球です。数年前までは、ほとんど毎日のようにテレビ中継されていましたので、様々なプレーにつきイメージができあがっている方が多いでしょう。国民的スポーツともいわれています。

　ソフトボールは、冬の寒い時期にインドアで野球を練習するために生み出されたものです。ルールは野球によく似ています。ソフトボール独特のものもありますので、この点は後述します。

　北京オリンピックで、日本が金メダルを獲得しましたし、決勝戦のテレビ視聴率は40％近くとかなり高かったので、こちらもゲームのイメージはつかみやすいと思います。よく「ソフトボールは、男子もやってるの？」と聞かれますが、男子の日本代表もあり、強いです。また、地域で楽しんでいる男子の人口も多いようです。日本やアメリカでは非常に盛んですが、ヨーロッパではマイナースポーツで、これが、野球とともにオリンピックでの競技除外に繋がってしまった原因です。用具をたくさん使うため、貧しい国には普及しにくいという弱点もあります。

　もう一度オリンピックに復活させるためには、世界中に普及すべく努力を続けていく他はないでしょう。

ソフトボールのルール

1塁、2塁、3塁と回って本塁に到達すると得点になる、3アウトで攻守交代する、三振、四球など、主なルールは野球と同じです。攻守交代して一定の回数の得点を競うというのが、ベースボール型球技の特徴です。

野球と異なる主な点を列挙しておきます。なお、ソフトボールには、ファーストピッチとスローピッチのルールがありますが、普及しているファーストピッチについての説明です。

①規定の回数は7回です。8回以降の延長戦はタイブレーカー方式が採用されています。8回以降は、2塁に走者を置いた状態で始めます。点が入りやすい形から始めるわけです。

②一番わかりやすい特徴は、投手が下からしか投げられないことです。

③もうひとつよく知られているのは、走者は投手の手からボールが離れるまで離塁できないことです。

④スターティングメンバーにかぎり、1試合に1回だけ元の打順で出場できます。「リエントリー」です。現代ソフトボールは投手の力が勝っているため、なかなか点が入りません。チャンスがあれば、リエントリー制を使って早めから代打、代走を使います。

⑤野球には、DH（指名打者制）がありますが、少し違ったDP

システム（指名選手制）をとります。DPはいつでも守りだけで入っている「フレックスプレーヤー」に代わり守備に入れます。DHの時から「フレックスプレーヤー」は投手である場合が多かったのですが（どのポジションに使ってもいいのに）、投手でバッティングの良い選手がDP制になって使いやすくなったといわれます。国際大会では連日試合が続くため、複数の投手をベンチに入れ、連投させないようにします。でも打撃の良い投手は打者として使いたい、DHだと、いざというとき投手としては使えませんが、DPなら途中から投げることも可能なのです。

　この他、危険を避けるため1塁がダブルベースになっているとか、敬遠の四球は4球を投げなくても宣言だけで可能とか、戦略にあまり影響のない差異もありますが、上記５つを覚えていただければ、ゲームでとまどうことはないと思います。

　最新のルールは以下の国際ソフトボール連盟のホームページで確認してください（英語のみ）。市販はしていませんが、日本ソフトボール協会が作成するルールブックがあるので、問い合わせてみてください。

http://www.internationalsoftball.com/english/rules_standards/Rulebook_2002.pdf

守備面から見た選手の役割と用具

　フィールドは円を４分割した形の中に、ダイヤモンドと呼ばれ

る正方形を作り、反時計回りに本塁、1塁、2塁、3塁のベースを置きます（下のイラスト参照）。詳しい寸法は省きますが、本塁から円周に当たるフェンスまで、国際試合では、女子で約67m、男子で約76mと均一な距離になります。

　ゴール型も、ネット型もラインで定められた中からボールが出ると、そこで試合がストップし、攻撃側に不利な状況になりますが、ベースボール型は、このフェンスを越えた場合、ホームラン（本塁打）として攻撃側に得点が与えられるのです。

　余談ですが、フェンスまでの距離は、かつて国際試合でも女子で約60mでした。日本の女子ソフトボールがどんどん強くなることに脅威を感じた常勝アメリカが、フェンスまでの距離を長くすることにより、パワーに勝る自国に有利なルール改正を行ったという説もあります。フェンス越えが減った分だけ外野手の守備範囲が広がり、それまで、守りに目をつぶって打撃の良い選手を外野の守備位置に入れることもありましたが、足が速く、肩の強い選手を起用する方向に流れが変わりました。ルールが変わると、選手のあり方が変わるひとつの例です。

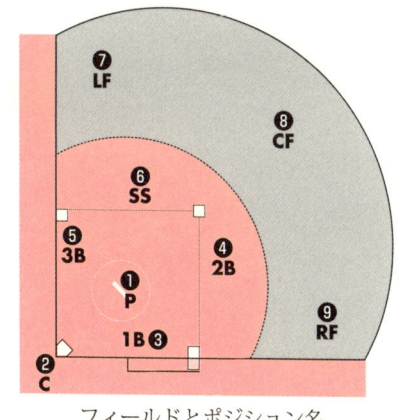

フィールドとポジション名

フィールドを、9人の選手で守ります。投手と捕手以外は、危険でないかぎり、フェアグラウンド内のどこで守っても良いのですが、とりあえず一般的な形を図に示します。守備番号というものがありまして、メンバー表を交換する際に必要なので、各ポジションにこの数字を使います。

　なお、呼称は英語を使うことが一般的ですが、日本語のほうが短くてすむので、紙幅の関係で英語は1度示すだけにして、後は日本語とさせていただきます。

各ポジションの役割

①投手（ピッチャー：P）　最大の仕事は、相手チームに得点を許さないことです。守備側に回ったとき、投手の役割は非常に大きいのです。逆に言えば、良い投手がいるチームは強いチームです。上野選手という世界一ともいえる投手を擁したことが、日本の金メダルに大きく貢献したことでもわかるでしょう。打者を凡打に打ち取る投球術も大事ですが、投球が終わった後は、内野手としての役割も果たさなければなりません。

②捕手（キャッチャー：C）　ひとりだけ全野手と向き合えるポジションで、広くフィールドを見つめ、野手に指示を出します。よく「女房役」といわれるように（今時！）、投手を支え、リードします。それだけでなく、盗塁を許さないために、フットワークと素早い送球動作を求められますし、本塁を守るので、走者と

のクロスプレイではブロックも必要となり、強い身体能力が必要です。ミットの使用が許され、危険防止のためにマスク、プロテクター、レガースの装着を義務づけられます。

③一塁手（ファースト：1B）　内野ゴロを1塁で封殺（フォースアウト）することが多いので、捕球する人のイメージがあります。ミットの使用が許されています。守備に目をつぶっても打撃を活かしたい選手を守らせるポジションとしてとらえられがちですが、左バッターやバントの多いソフトボールでは、1塁ベースに戻らなくてはならない分だけ、3塁手より難しいポジションです。また、捕球のうまい一塁手がいると、内野手が送球しやすいというメリットもあるのです。

④二塁手（セカンド：2B）　戦術的に非常に重要なポジション。普通にゴロをさばくだけでなく、バントの時の1塁ベースカバー、ダブルプレーの時の2塁ベースのカバーリングから、体をひねっての1塁送球など、高いフィジカルの能力を求められます。高度の状況判断力も必要です。それだけに良い二塁手がいるチームは強いのです。

⑤三塁手（サード：3B）　右の強打者の強い打球が飛んでくるポジション。バントに備えて、かなり前に守る必要もあるので、打球から逃げず前に出られる勇気を求められるのです。強い打球でも、体に当てて前に落とせば1塁でアウトにすることができるので、ボールをこわがる選手には向きません。守備の負担は比較

的軽いので、打撃優先の選手を使いやすいでしょう。

⑥遊撃手（ショート：SS）　広い守備範囲と1塁までの送球距離が長いため強い肩が求められる内野のキーマン。また、高度の状況判断力も求められます。アメリカでは「ショートで4番」が最高の選手とみなされるほど、ソフトボールの華ともいえるポジションです。

⑦左翼手（レフト：LF）　右打者の大きな飛球を背走して捕るのが見せ場ですね。フライ捕球の高い能力が求められます。3塁への送球時にバックアップに回る役割がありますが、比較的守備の負担は少ないポジションなので、守備より打撃という選手を置きやすいでしょう。

⑧中堅手（センター：CF）　外野の真ん中を守り、両翼に飛んだ打球のバックアップに回ったり、フィールドを走り回る走力が求められるポジション。フライの捕球能力より、守備位置から1塁や2塁、3塁での封殺も考えられるので、強肩であるに越したことはないでしょう。外野のキーマンです。

⑨右翼手（ライト：RF）　ソフトボールにおいて、右翼手は内野手と同じといっても言い過ぎではありません。強いゴロは1塁で封殺できるからです。内野手の送球時の1塁のバックアップなど、運動量の多いポジションでもあります。右の強打者の切れる当たりが飛んできたり、3塁進塁を阻止する遠投など、高いフィジカル能力が求められます。

戦術的守備の布陣

　自チームの選手全員が攻守走三拍子揃っていれば、監督もメンバー編成に苦労はしません。ただ、ほとんどの場合、選手には個性があり長所も弱点もあります。上記のポジションによる特性と個々の選手の個性をうまく組み合わせて、チーム編成をすることが監督の腕の見せ所でしょう。

　最初に考えるべきことは、「センターラインの充実」です。捕手－投手－遊撃手（二塁手）－中堅手を結ぶラインがセンターラインと呼ばれます。このラインを守備面でフィジカルとメンタルの強い選手で固めると、チームの守備が安定します。

　相手チームの打撃にあまり戦術がなく、ただ自由に打ってくるようなチームなら（言葉を換えればレクリエーション的なゲームなら）、左サイドを固めるほうがよく、三塁手、左翼手を次に考えても良いでしょう。

　しかし、ゲームの目的が上位の大会を目指すようなものであれば、攻撃側もバントや右打ちなどの戦術を駆使してきます。この場合は、むしろ右サイドに守備の良い選手を置いたほうが良いと思います。ソフトボールでは左バッターも多く、一塁手、二塁手、右翼手が守備に参加する機会は大変多いのです。

　身体能力の高い選手から外野に固定し、残る内野手は状況判断能力を鍛えるという編成もひとつの方法です。

送球と捕球

　ボールを送球するときは、相手の胸のあたりに正確に投げて、相手が次の送球に移りやすいように思いやることが大切です。ソフトボールは大きくて重いので、ボールの握り方や、投げ方に、野球の軟球とは違うところがあります。

　ボールは、利き手の手のひらの人差し指の付け根に中心が当たるようにし、真ん中の3本の指で握り親指と小指で支えます。手のひらにベタッとつけると手首が使いにくく、正確に投げられません。

　投げるときのポイントは、ひじを肩と同じ高さまで上げることと体を回すことです。ボールを捕るときは、フットワークを使って、できるだけ体の中心で捕るくせをつけます。

　どうしても胸のマークのあたりで取れない場合は、おへそのあたりを中心にして上下左右にグラブを向けて捕球します。グラブと逆の方向にボールが来た場合（逆シングル）は、グラブ側の肩を回すイメージで捕りにいきます（次ページイラスト参照）。

ボールの握り方

人差し指、中指、薬指の3本を縫い目にかけられればかける。手首が柔らかく使えるように握る。

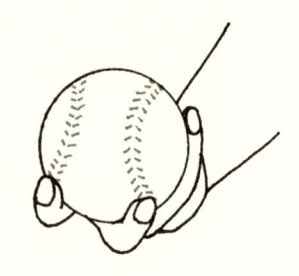

ボールの方向によるグラブの使い方

ボールを投げる

①グラブを持つほうの肩を投げる相手に向け、重心を利き手の側の足に乗せ、弓を引くようにボールをひじで肩の高さへ。
②グラブの側の足を踏み出し、胸を張って腰を回転させ相手に正対させる。
③重心をグラブの側の足に移動させつつひじを中心にボールを相手に向かって解き放つ。目線は目標から外れないように。

ピッチング（投球）

　ソフトボールの最大の特徴は、投手が下から投げることでしょう。ルール上は「投手が、ボールを手から離すとき手と手首は体側線を通って前へ通過させ、その位置は腰よりも低く、手首はひじよりも体から遠くならないようにしなければならない」とされています。野球の下手投げ（アンダースロー）とも違うことがわかるでしょう。

　投球フォームは、大きく分けて2種類あります。最近の主流は、腕を水車のように回す「ウインドミル」です。他に、腕を回さない「スリングショット」があります。年齢の高い選手の大会ではこちらが主流です。

　ウインドミルは、スピードのある球を投げやすいのですが、投手はスピードよりコントロールが大事ですので、コントロールをつけるにはどちらのフォームが自分に向いているかを考えて練習してください。

　ボールの握り方やフォームにより、ストレート以外に、かの有名なライズボール、ドロップ、チェンジアップなどを投げ分けることができますが、相当高いレベルの大会でなければ、変化球を自由自在に操る投手にはお目にかかりませんでした。

　まずは、ストレートに磨きをかける基本のフォームから紹介していきましょう。

ウインドミルは、腕の回転が描く円が大きければ大きいほど、踏み出した足が遠くに行けば行くほどスピードが出るといわれます。このためには、強いフィジカルが必要です。コントロールが良くなることも含めて、投手には脚力が求められます。野手が打撃練習をしているとき、投手は走り込みのメニューが課されて、「まるで陸上部だね」と笑ったものです。大きな投球フォームはコアの筋群と脚腰の強さがものをいいます。

ウインドミルの投球フォーム

① ② ③

①中指と人差し指を縫い目にかけてボールを持ち、両足はプレートを踏む。捕手に正対して、体の前で両手をセットする。この構えからやや前傾しながら、利き腕を下から後ろに引く。
②左足を前方に踏み出しさらに利き腕を上に回転させる。回転の頂点に達したら手首を返す。
③力強く腕を振り下ろし、リリースでは手首をきかせる。

ウインドミルの段階練習法

　ウインドミルですがテレビで見ていると投手の腰の回転があまりにも速いため、捕手に正対した上体のまま腕を回しているように見え、誤解して体を回さないで練習している人が多くいます。特に男子に多い間違いです。前ページイラストの②の段階では、捕手に対して横向きになっています。正対したままでは、人間の体の構造として肩を大きく回せません。

　次のような段階を踏んで練習してみてください。正しいフォームが身につきます。

①　まずは真横を向いて、ボールを持った腕を横に振って、ひじの下あたりの部分を腰のポケットがある下あたりに当てます。この瞬間がリリースポイントです。手首のスナップを利かせ、当たった反動で手首は自分のお腹のほうに返りますが、そのまま腕を伸ばしてフォロースルー。ボールはグラブで受けます。たこができるので何度もやるときは、腕にタオルを巻いてください。

②　横向きで腕を回します。手が一番高いところで利き足を蹴り、リリースの後、左足に完全に体重移動しているように、ネットに向かって投げます。時々壁に向き合って腕を回転させてみましょう。正しく回転していないと壁に腕がぶつかるので、矯正できます。

③　捕手に正対して、プレートを踏み、体をひねって腕を回して

投げます。後は投げ込むのみです。

フィールディング（守備）

　正確な送球と捕球、つまりキャッチボールができるようになれば、バウンドしない打球への対応はできます。打球をノーバウンドで捕れば、それだけでアウトカウントをひとつ増やせます。グラブの使い方などは、送球と捕球で説明したことが基本です。

　フライの捕り方の留意点は２つだけです。打球の落下点を予測して最短距離でそこに行く、ボールから眼線を切らない、です。難しいのは頭を越える大きなフライを背走しながら捕ることですが、肩越しにボールを見ながらクロスステップで追います。

　次は、ゴロの捕球の基本を説明します。

　打者は丸いバットで、丸いボールを打つので自然に回転がかかり、グラウンドでバウンドする度に様々に変化します。グラウンド状態によっては、イレギュラーする場合もあります。これに対応するには、腰の低いフットワークで前に出て、できるだけバウンド数が少ないうちに捕球してしまうことです。次のページのイラストのように、グラブはできるだけ前に出して捕りに行けば、自然とグラウンドに垂直になっていきます。捕球後は前に出る勢いで立ち上がり送球に繋げていきます。

　一連の動きの基本となるのはフットワークです。ボールが捕り

やすいのは、バウンドしての上がり際か、落ち際です。そこに足を使ってグラブを持っていくように意識して練習してください。

　ゴロは捕球するだけではアウトカウントを増やせません。多くの場合は、どこかの塁に投げる必要があります。捕球から送球までは、流れるように素早い動作で行いましょう。

ゴロの捕球から送球へ

①ボールをよく見ながら、足を使いバウンドを合わせて、前に出てくる。
②足のつま先を結んだ線よりなるべく前にグラブを出す。真ん中よりややグラブの側の足に寄って捕球するほうが、送球動作に移りやすい。
③捕球したら、グラブに添えた利き手にボールを持ち替え素早く後ろに引く、上体は前に出てきた勢いで起き上がっていく。
④グラブでバランスを取りながら送球方向に体を向けてスローイング。

守備のフォーメーション

ソフトボールでも、ボールを直接扱わない野手の動きは重要です。次に起こることを、常に予想しておきましょう。

相手走者が、進塁してくるだろうベースは常に誰かがカバーしなければなりません。フォースプレーやタッチプレーで、アウトカウントを増やせる可能性があります。また、ボールを扱う野手が、その後送球するだろうベースがカバーされるのは当然として、その5mくらい後ろに、もうひとりバックアップする野手がいれば、送球がそれた場合でも相手に余分な塁を与えなくてすみます。以下に、よくあるシチュエーションでの野手の動きを図で示します。

バントシフト

走者がいない状況で、打者がセーフティーバントをしてきた時のシフト。
投手、1塁手、3塁手は猛然とダッシュする。捕手もホームベースの前あたりで止まっているものは責任守備範囲。誰でも捕れる場合は、1塁に投げやすい3塁手に任せる。2塁手は1塁ベースカバー、遊撃手は2塁ベースカバーに入り、外野手はそれぞれの塁のバックアップに走る。

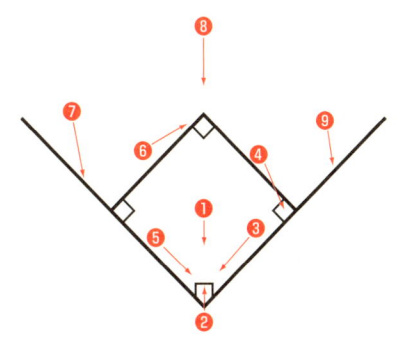

レフトオーバーの中継プレー

打者が左翼手の頭を超える打球を放った時のシフト。中堅手はバックアップに回っている。

走者の位置により、2塁に投げるか、3塁に投げるかはカットに入る遊撃手の判断だが、周囲も走者の動きを見て声をかける。2塁手、3塁手はそれぞれのベースカバー、1塁手は3塁に投げられた場合のバックアップ、右翼手は2塁に投げられた場合のバックアップ、投手は本塁に投げられた場合のバックアップに走る。

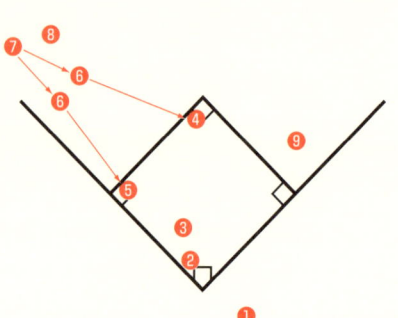

ライトオーバーの中継プレー

打者が右翼手の頭を超える打球を放った時のシフト。中堅手はバックアップに回っている。

3塁まで長い距離があるので、3塁打になることが多い。カットは2塁手が入り、3塁に投げる時は遊撃手が、本塁に投げる時は1塁手がもう1人カットに入る。周囲も走者の動きを見て声をかける。3塁手はベースカバー、左翼手は3塁に投げられた場合のバックアップ、投手は本塁に投げられた場合のバックアップに走る。

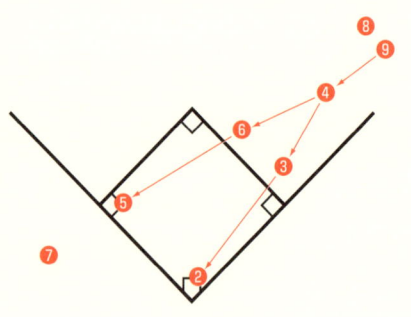

攻撃面から見た選手の役割

　打者は、ホームランやヒットを打つことを目的に打席に入るものですが、監督が望むのは、四球でもエラーでも良いから「出塁して欲しい」ということです。走者になったら、相手の守備のスキを見て、先の塁へ先の塁へという意識も持ちたいものです。1回3アウトになる前に何人の走者が本塁を駆け抜けるかを競うのですから、走者が出なければ話になりません。

　ソフトボールは塁間が短いので、バントがセーフになる確率が高いのです。しかも左打者は、右打者より1歩半1塁に近いといわれます。足に自信のある選手は、左打ちを身につけるという手もあります。バントの練習を積んで出塁率を高くすると、チームに貢献できますから。また、打ちにくい球をわざとファールにする「カット」の技術を磨くことにより、投手に打ちやすい球を投げさせたり、四球を奪ったりという高度な技もあるのです。相手投手に嫌がられるのは、強打者ばかりではないのです。

打順による役割

　監督の考えを攻撃面で示すのは、打順です。何番を打つかによってそれぞれ役割を担います。以下に一般的な考え方を書いてみます。

「1番」　出塁率の高さが求められます。先取点を取ると精神的

に有利に試合を進められます。1回の最初の打者として出塁すれば、無死の走者ですから作戦の幅が大きく広がります。また、もっとも打席が回ってくる打順なので、監督によっては、チームの最強打者を起用する場合があります。初回に長打で出塁すれば、バントや右打ちでヒット数が少なくとも点が入る可能性もあります。足が速いに越したことはありません。

「**2番**」　1番打者が出塁すると、攻撃の様々な作戦が可能になります。バント、ヒットエンドラン、盗塁など、監督のサインにより作戦を確実に遂行する器用さが求められます。1番が凡退した場合は、代わりにできるだけ出塁することも求められます。

「**3番・4番・5番**」　クリーンナップと呼ばれるのは、塁上の走者を「キレイにする」からです。つまりホームに走者を迎え入れるのが役割。チームの中でも強打者が座ることの多い打順です。4番がチーム最強打者と思われていますが、初回に打順が回ってくる3番打者を重視する監督もいます。

「**6番・7番・8番**」　比較的楽に打てる打順。ただ、前にチームの強打者が並んでいるので、実は走者のいる場面で打席に入ることが多いのです。また、チャンスメーカーになれば、上位打線に回るので、大量点に繋がることもあります。ここに好打者が揃うチームは強くなります。

「**9番**」　ここに足が速く器用な選手を置くと、出塁した場合1番と繋がり作戦の幅が広がります。

どこかの打順にDPを使えば、守りは良いが打撃はあまりという選手を、守備だけで使えるので、攻撃にも守備にも有利な展開を作れます。

バッティング

バットの芯でボールの芯を正確にとらえること（ミート）が大切です。どんなに良いスイングをしても、芯を食わなければクリーンな当たりにはなりません。投手は打者に自由に打たせないように投げてきますので、そのボールをとらえるには、上手なバットコントロールを身につけることが大切です。

バッティング練習には、トスバッティング、ハーフバッティングなど、ミートを重視した練習法もありますので、バットとボールが当たるところを見るつもりで、最後まで視線を残し、バッティングの精度を上げていきましょう。

内外高低、コースにあわせたスイングを研究してください。左右中と狙った方向にボールを打ち返すことができるようになればベストです。

ホームランは野球の華というイメージがあるので、バッティング練習は遠くに飛ばすことが目的になりがちですが、ヒットも長打も、守備側の野手が捕れないところにボールが落ちればいいわけですから、狙ったところに打てるようになれば、打率は確実に上昇します。

基本的な打撃フォーム

① ② ③

①自然体で構え、あごを引いてボールを肩越しに見る。ボールは手元に来るまで十分引きつける。
②バットのヘッドはボールより上から出し、腰をひねって、両手が伸びたところでボールを捉える。
③フォロースルーでは、後側のひざを締めるようにし、下半身を安定させる。

バント

　ソフトボールには欠かせないバッティングのバリエーションとして、バントがあります。
　かなり高レベルのチームは、守備でのバント対応がしっかりしていますが、バントで守備を混乱させることができるチームは意外と多いものです。バントの成功率を上げることが勝利への近道ともいえます。
①犠牲バント　塁に出た走者を確実に次の塁に送るバント。自分

はアウトになっても良いつもりで確実に決めましょう。投手が両手をセットした段階からバントの構えをします。

②**セイフティバント**　走者がいてもいなくても、打者自身も1塁セーフになるためにします。守備側には打つように見せかけることが大切で、構えはできるだけ遅くし、投手に捕らせないように、1塁線、3塁線を狙ってボールを落とします。

③**プッシュバント**　主に右打者が、チャージのためにダッシュしてくる投手と1塁手の間を強くバントして抜き、ベースカバーに入る2塁手に捕らせます。うまくすればベースカバーが遅れるか、2塁手も捕ることができずに1塁セーフになるのです。バントすると思わせる必要があるので、犠牲バントと同じに、投手がセットしたときから構えます。

④**バスター**　バントの構えから、強打して野手の間を抜く打法。前進してくる3塁手の足下にたたきつける。2塁ベースをカバーに動く遊撃手の逆をつくなどの効果があり、ヒットになる確率が高いのですが、難しいテクニックでもあります。

ベースランニング

　走者になったら、できるだけ先の塁に進めるよう、相手チームの守備のスキを探します。相手チームがベースカバーを忘れたら、果敢にその塁を奪いに行きましょう。典型的なのは、1塁走者の時に、バントで進塁する際、3塁手がベースカバーを忘れた

ら、3塁を陥れるというプレーです。

　ソフトボールは、1塁ベースがダブルベースになっていて、白とオレンジ色に分かれています。打者走者は、危険を避けるためにオレンジベースを駆け抜けなければなりません。白いベースは、守備側がフォースアウトにするためのものです。なお、1塁ベースを通過して2塁に向かう場合は、白いベースの内側を踏んでも問題ありません。

　1塁ベースは、ファールグラウンド側に駆け抜けても進塁意志を見せなければ大丈夫ですし、ホームベースも駆け抜けてかまいません。

　2塁と3塁ベースは駆け抜けた場合、タッチされるとアウトになります。ベースで止まるには、スライディングが有効ですが、ケガをしやすいので、特に体が硬い人は注意してください。

　ひとつ先の塁ではなく、2つ以上先の塁にいけると思ったら、最初の塁を回るとき直線ではなく事前のラインを少しふくらませてベースの内側を体を少し内側に傾けて回り、その後が直線になるようなライン取りで走ります。

　走塁は、足が速いだけではうまくなりません。センスが大きくものをいいます。足が速くなくても、状況判断が良い選手は良い走者になれるのです。

ソフトボールの戦術

　ソフトボールは、投手と本塁の距離が短いため、投手の力が勝ることが多く、なかなか点が入りません。テレビで、元プロ野球選手が、上野選手などオリンピック代表クラスの投手にきりきり舞いさせられる姿をよく見ます。

　国際ルールでは、打者に有利になるよう、女子のみ投本間の距離を約１ｍ後ろに下げました。このためやや点の取り合いが見られるようになりました。ただ、大会ごとに定められる要項で、以前のままの距離で行われている試合も多いので、戦術の大きな変更の流れには繋がっていません。

　現在の強豪チームは、守備優先の布陣です。投手を中心として守り抜いて、少ない得点でも勝てるような選手の起用法です。

　よく守備は練習、打撃はセンスといわれます。守備は練習を重ねればうまくなるとされるので監督としては練習でチームを作りやすいのです。それでも、勝つための戦術は、いかに点を取るかにかかってきます。

どうやって点を取るか

　出塁するには、フリーに打つよりセイフティバントなどのほうが確率が高いので、バントが多用されます（バリエイションは

144ページ参照）。1塁走者の進塁を助けるには、やはりバント、盗塁、ヒットエンドランが試みられ、2塁、3塁の走者がいる場合は、右方向に打って進塁を助けます。

　無死または1死で3塁に走者がいる場合、セカンドゴロで1点取るという作戦が主流でした。ただ、最近では、2塁手を極端に前に守らせるシフトなどで、この作戦を防ぐ傾向になっていますので、右打ちの練習もゴロが転がせればいいというレベルではなく、「右方向に打つ」という意識で練習することが必要になってきました。

　あまりに点が入らないので、決着をつけるために採用されたのが、「タイブレーカー」です。7回で決着が付かない場合、8回からは無死2塁の状況から回を始めるシステムです。ここでの点の取り方が典型的ですのでご紹介しましょう。

　この2塁走者を還せるかが勝敗の分かれ目になるのですが、作戦的には、回の最初の打者はかなりの確率でバントです。成功すれば、1死3塁という状況が生まれ、次の打者がヒットを打てばもちろん、スクイズ、犠牲フライ、相手チームのエラーなど、点が取れる可能性が広がるからです。

　これが点を取るための典型的な戦術です。野球でいえば、スモールベースボールですね。すべての大会で投本間の距離が遠くなれば、現在より、打撃に力が入るゲーム展開になる予感がします。そのほうが面白いスポーツになるはずです。

武道・ダンス

日本古来の伝統文化

　武道は、近代スポーツが日本に紹介される前からある日本固有の文化である武術、武芸から発生しました。

　千年以上前に武士が登場し、当初は武士のたしなみは弓馬の術といわれ、弓と馬術が重視されました。その後、馬上の一騎打ちが盛んになると刀が使われるようになり、馬に乗らない武士たちが集団戦を展開するようになると、武器が使えない場合の体術が、生き残りのための武芸として鍛錬されるようになります。また、相撲は神技でもあるとされ独自の発展をしますが、力の強い「力士」は織田信長をはじめとする戦国大名に重用されました。

　やがて平和が続く江戸時代になると、刀は武士の魂とされ、型や心に重きが置かれる「剣術」が武士のたしなみとなりました。

　明治維新後、いっとき武芸は廃れますが、日露戦争の頃から「大和心」を養成するとして学校体育に「武道」が取り入れられます。敗戦後の占領期にはGHQにより禁じられましたが、独立後は学校体育に復活し、「格技」と呼ばれていました。平成になって「武道」として学校体育に位置づけられたのです。ちなみに、「格技」とは「格闘技」から「闘」の字を抜いたものです。教育なので、闘いではないことを強調したかったのですね。

体育としての武道

　武道には様々な種類がありますが、中学では柔道・剣道・相撲の3種目からの選択制です。多くの学校では、柔道を選んでいることと思いますので、この後「柔道」を取り上げます。ここでは、武術全般に共通する要素を述べます。

　①名称が「武術」ではなく「武道」とされたのは、単に試合に勝つことを目指すのではなく、基本となる技の習得などを通して礼法を身につけ、人格形成を重視するといった考え方が根底にあるのです。相撲で「横綱の品格」ということが話題になりましたが、日本では伝統的な「礼」という考えが、まだまだスポーツに対する考えの根底に強く残っているのですね。

　②相手に勝つために、相手の動きの変化に応じての基本動作、基本となる技を身につける必要があります。これも日本の伝統と関わりますが、「形」が重視されます。歌舞伎や茶道といった伝統文化に共通する考え方です。

　③武道は、人格形成をも目指すので、卑怯な技を使うことは嫌われます。安全面も加味して「禁じ技」が定められているので、その技は使えません。組み手の相手を敵とみなすのではなく、尊敬する心をもって技の応酬を楽しむことが求められています。

　④稽古を通じて、体力を高め、巧みな体裁きを身につけることができます。

古武術の動き

ナンバ走りで注目される

　学校体育からは少し離れますが、近年話題になっている古武術の身体操法を紹介してみたいと思います。武道の技の根幹について、「武道」ではなく「武術」としてとらえてみることで、理解の助けになるのではないでしょうか。

　世界陸上パリ大会（2003年）200m走で銅メダルを獲得した末續慎吾選手が、「ナンバ走り」を意識していたということで古武術の身体運用法が一躍注目されました。日本人を含むアジア系民族は、欧米人に比べて瞬発的な体力がなく、陸上競技の短距離走でメダルを取ることは快挙だったのです。

　古武術を探求して、武術を基礎とした身体技法を現代に甦らせたのは、甲野善紀さんです。甲野さんは、かつての武術は現代の武道とは違って、絶対に無理な状況にあっても生命がかかっているため何とかしようという極限的な状況下での身体の使い方なので、スポーツにも応用できると考えました。

　「ひねらず・うねらず・タメず」という甲野式武術の基本的な術理を生かして、ナンバ走りは生まれたのです。身体を必要以上にひねらないので、体力が温存できるといわれています。プロ野

球の桑田真澄選手がピッチングや牽制球の投げ方に応用して取り入れたことでも有名です。甲野式で成果を上げているアスリートは、何人も紹介されています。

　甲野さんは、武術の稽古をするときの精神のあり方は、身体を通した訓練によって何かあったときに自分で納得のいく行動をとれるようにする心構えだと書いています。ただの反復練習ではないのです。

　さて、甲野式の身体の使い方は、スポーツばかりでなく日常の動きにも応用可能ですので、それを紹介します。

重い荷物の持ち方

重いカバンを持つときに小指を軸にして薬指、中指の3本の指で持つ。剣術の刀の握り方と同じ。親指と人差し指の股を、親指側に30度くらい起こして、前腕（手首とひじの間）に近づけるように、手首の角度を決めると、自然に脇が締まって、とたんに荷物が軽くなる。腕は体に添うように。

護身術・介護に応用する

日本では、安心は空気のようなものといわれます。でも女子にとっては、痴漢やストーカーなど、撃退すべき相手がいつ現れるか

わからない不安もあるでしょう。

　もし、攻撃された時に身を守る身体裁きを紹介します。相手に読めない動きをするのがポイントです（事例は、荻野アンナ、甲野善紀『古武術で毎日がラクラク！』より）。

後ろからつかまれたときの対処法

①後ろからつかまれたら、振り返らずに身を少し丸める。
②胸の前でエアーバッグが一気に膨らむイメージで両足を後ろに一歩引きながら、腰からお尻をどんと突き出し、相手を後方に押し飛ばす。

影絵のきつね型

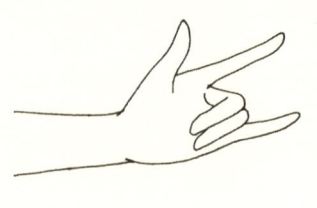

手をじゃんけんのパーにし、中指・薬指を下に折り、残りの指をぴんと伸ばす。親指に対して人差し指が直角に近づく影絵のきつねのような形（こうすると手や腕に頼らず、背や胸などの筋肉という全身の力が使える）。

武道・ダンス

腕をつかんできた相手をそのまま吹き飛ばす

①相手に片腕を掴まれたら、両手を前ページの影絵のきつねの形にする。この手にすることで上腕のゆるみ、あそびがなくなり、左手から右手の先までが、一本の鋼のようになり、両腕はＵの字に。
③右手から左手までがアーチ型になったイメージをつくる。
④このアーチ型で相手を吹き飛ばす。

介護に応用

甲野式介護術は、介護される人・する人がお互い楽で、ほとんど筋力を使うことなく寝ている人の半身を起こせる。

①相手の首の下に左手を、甲が相手の首に接するように入れる。左手を半回転して手のひらを上に、影絵のきつねの手にする。
②右手も影絵のきつねの手にして伸ばす。腕ではなく全身を使う体勢で。
③自分がやじろべえになったつもりで、タイミングをとり、１、２の３。自分が右腕を下げると寝ている相手の上体がふわっと浮き上がる感じで上体を起こす。

柔道

世界に普及したJudo

　武道の中でも柔道は世界各地に普及しています。東京オリンピック（1964年）で、初めて正式種目に採用され、日本の伝統文化だけに、当然体重別の全種目で日本人が金メダルを獲得すると思われていましたが、無差別級でオランダのヘーシンク選手に金メダルを奪われ、日本中が驚いたのも話題でした。バルセロナ五輪（1992年）からは、女子の柔道も正式種目に採用され、夏のオリンピックの楽しみな種目になっています。

柔道のルール

　オリンピックで柔道を観戦していると、大会ごとにルールが変わっていることに気づきませんか。国際試合のルールは、国際柔道連盟（IJF）が、試合審判規定を決めています。技の判定（一本、技あり、有効、効果）、禁止事項と罰則、審判のジェスチャー、試合時間と得点などさまざまなルールは全日本柔道連盟のホームページ（http://www.judo.or.jp/data/docs/rule-shinpan-i-rule.pdf）に掲載されています。観戦ガイドとしても興味深い解説です。なお、国内の試合は「講道館ルール」で行われることが

多いです。

礼に始まり礼に終わる

　講道館柔道の創始者で、近代スポーツとしての柔道の普及に尽力した嘉納治五郎氏は、礼を宗教的儀礼と切り離しました。様々な宗教の人がいるという理由からです。これが、現在200を越える世界の国で柔道が行われているというグローバルな普及に一役買ったわけです。

　したがって、柔道の「礼」は、相手への敬意や心づかいを形にしたもので、道場の神様に対するものではありません。練習の最初と最後などに全員で正座し礼をかわすのは、武道の根幹にある人格形成修行のひとつの形と理解しましょう。

柔道の技

　相手の動きの変化に応じて、基本動作から、基本となる技を使って、投げたり抑え込んだりして一本を目指すのが、柔道の試合目標です。

　柔道の技は大きく投げ技、固め技に分けられます。さらに投げ技は立ち技（内股、払い腰、大外刈りなど）と捨身技（巴投げ、大外巻込みなど）に分けられ、固め技のなかには抑え込み技（横四方固めなど）絞め技、関節技と分けられています。学校体育では、絞め技、関節技は行いません。

受け身

　勝つための技よりも先に、初心者は「受け身」を学びましょう。受け身とは、相手に投げられたときなどに、ケガをしないように安全に倒れる方法です。あらゆる場面に対応してとれる受け身を身につければ、投げられることが怖くなくなります。

後ろ受け身

腕全体で畳を叩くこと。あごを引いて、頭を打たないようにする。視線は、自分の帯の結び目を見るとよい。両腕は体側から30〜40度開く。最初は長座（座った状態）から。長座での受け身に慣れたら、次は中腰、最後は直立（立った姿勢）から後ろに腰を落として練習する。

横受け身

体を横向きにして、腕全体で畳を打つ。片方の手は帯の結び目あたりに軽く当てると良い。頭は畳につけず、目線は帯の結び目を見るようにする。やはり段階を踏んで練習する。

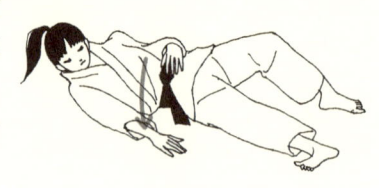

基本の身体動作

　相手との組み方は、釣り手（襟を握る手）や引き手（袖を握る手）の位置によってさまざまあります。柔道着をつかむには小指と薬指に力を入れて、親指を軽く添えるようにするほうが、疲労も少なく、一瞬の変化にも十分対応できるとされます。

　柔道は、相手のバランスを崩すことで技をかけやすい状態を作り、技をかけるという一連の動作が基本になります。自分の力によって、または相手の力を利用して、押したり引いたり回したりしてみましょう。体さばきは、すり足が基本です。足裏で畳をするように動きますが、かかとをつけないように。

基本の投げ技と体さばき、固め技

　中学学習指導要領では、「投げ技」の例として　膝車から支え釣り込み足、大外刈りから小内刈り、刈り技では大内刈り、回し技では体落としから大腰などを挙げています。

　さらに、①後ろさばきから体落とし：受け身は横受け身、②前回りさばきから大腰：受け身は前回り受け身、③前さばきから膝車：受け身は横受け身、④前さばきから大外刈り：受け身は後ろ受け身、⑤前さばきから支え釣り込み足：受け身は横受け身、⑥前さばきから小内刈り：受け身は後ろ受け身が、課題になっています。一本を取りやすい④大外刈りをイラストで紹介します。

大外刈り

押したり引いたりしているうちに相手の重心が片方の足の後ろにかかったら、その足を外側から刈って倒す技。右足で刈る場合、袖をもった相手のヒジを引き下ろし、自分の左足を素早く踏み込む。右足は大きく振り上げて、相手の重心のかかった右足を刈って背中から倒す。

「固め技」ではけさ固め、横四方固め、上四方固めなどが例示されています。これを返すことも課題です。国際ルールでは、25秒押さえ込むと一本です。もっとも柔軟で、安定感のある横四方固めを紹介します。

横四方固め

倒れた相手の肩越しに右手で帯を取って引きつけ、左手は相手の股間のあたりの柔道着を握る。左脚は相手の体側につける。相手が返そうとしたら、左手を畳につけ、右足でバランスを取る。

ダンス

学ぶというより楽しむもの

　音楽や太鼓のリズムに合わせて体を動かす――ダンスはその起源がわからないほど古くから人類の歴史とともにあるものです。世界各地にその国独特の音楽（ワールドミュージック）があるように、各国に民族文化としてのダンスもあるのです。

　人間は喜怒哀楽といった感情を身体で表す欲求を根源的に持っているのだと思います。中学生という思春期に、自分の感情を身体で表現しろといわれても、微妙な感情の揺れがあったと思いますが、「おさらい」をする今なら、当時より楽しく身体表現ができるのではないでしょうか？

　ダンスは自己表現力を高め、見る人にそれを伝えます。クラシックバレエやモダンダンスは、それを芸術表現にまで高めたものです。振付けを表現するためのダンサーたちの身体訓練は「体育」の奥深さを感じさせます。

　また、ダンスはコミュニケーションツールとしても優れています。ヨーロッパの宮廷の舞踏会から発達した社交ダンス、現代では、ディスコやクラブでのダンスと、多くの人が集う場所でダンスは楽しみを共有するツールになっているのです。

さらにダンスは、やって楽しくて、気持ちが高揚するうえに脂肪燃焼効果もあり、ダイエットに役に立ちます。45分間のジョギングは好きでないとつらいですが、45分のエアロビクスダンスは、楽しく行えて脂肪燃焼効果も高いのです。

ダンス・コンディショニング

ダンスを長く続けている人は、身体の線が綺麗になります。究極は芸術表現なので、ダンサーの身体が美しいのは必然でしょう。映画スターとして亡くなった後でも人気のあるオードリー・ヘップバーンを思い出してください。彼女の優雅な身のこなしはクラシックバレエをやっていたからだというのは、あまりにも有名です。

基本は、本書の「体つくり」で説明した、コアの強さ、柔軟性（ストレッチ）、筋力（筋トレ）と同じです。体の軸がしっかりとれて、関節の可動域が大きければ、手足を大きく長く使えます。筋力があればダイナミックな動きも可能です。基本的な体が「美」を生むのです。

ダンスにはこれまで例示した

ほかに、ジャズやタップ、ヒップホップ、フラメンコやアフリカンダンスのような民族舞踊などさまざまな種類があります。自分好みのものを見つけて楽しみながら、負担が大きい体の使い方を避けたり、自分の体調をコントロールすることに気をつけて、長く続けることを目指してください。

エアロビクスダンス

現代的なリズムのダンスの一例として、エアロビクスダンスを紹介します。スポーツジムの発達した現代では、もっともポピュラーなダンスでしょう。DVDなどもたくさん出ています。

エアロビクスとは有酸素運動――ウォーキングやエアロバイク運動などを含めた酸素を吸い込み、20分以上続けられる運動のことをいいます。音楽に合わせ20分以上ステップを踏んでいればエアロビクスの完成です。最近では、20分以上継続するだけでなく、10分続けて少し休み、また10分やっても同じ効果があることが報告されています。体力のない人は、長い時間続けるのがつらければ、途中で水分補給をして息を整え、またくり返せば、楽に始められるのではないでしょうか。

ウォーミングアップ、ストレッチを必ず行い、体を温めてから行うことがケガ防止になります。また疲れた体を癒すクールダウンも大切です。水分補給にも気を遣いましょう。体調がすぐれないときはやらない勇気も必要です。

基本ステップ

基本的なステップを紹介しますので、体力に合わせて動きの大きさを調整して、楽しんでください。

ウォーク

大きく強く歩く、おなかは常に引き上げる。おなかを引き上げると頭の位置が固定され、腰やひざ、足首の負担も軽くなる。

サイドステップ

①右足を一歩、右に踏み出す。②左足を引き寄せ、手をたたく。③左足を一歩、左に踏み出す。④右足を引き寄せ、手をたたく。

Vステップ

①右足を一歩、斜め前に踏み出す。②左足を一歩、斜め前に踏み出す。③右足を一歩、斜め後ろに引く。④左足を一歩、斜め後ろに引き両足をそろえる。

Aステップ

①右足を一歩、斜め後ろに引く。②左足を一歩、斜め後ろに引く。③右足を一歩、前に踏み出す。④左足を引き寄せ、両足をそろえる。

武道・ダンス

ボックス

ステップで四角（ボックス）を描く。
①左足を大きく1歩、右斜め前へ踏みだし、重心をのせる。②右足を大きく1歩、左斜め前へ踏み出し、左足と交差させる。③左足を大きく1歩、左斜め後ろへ引く。④右足を大きく一歩、右斜め後ろへ引く。

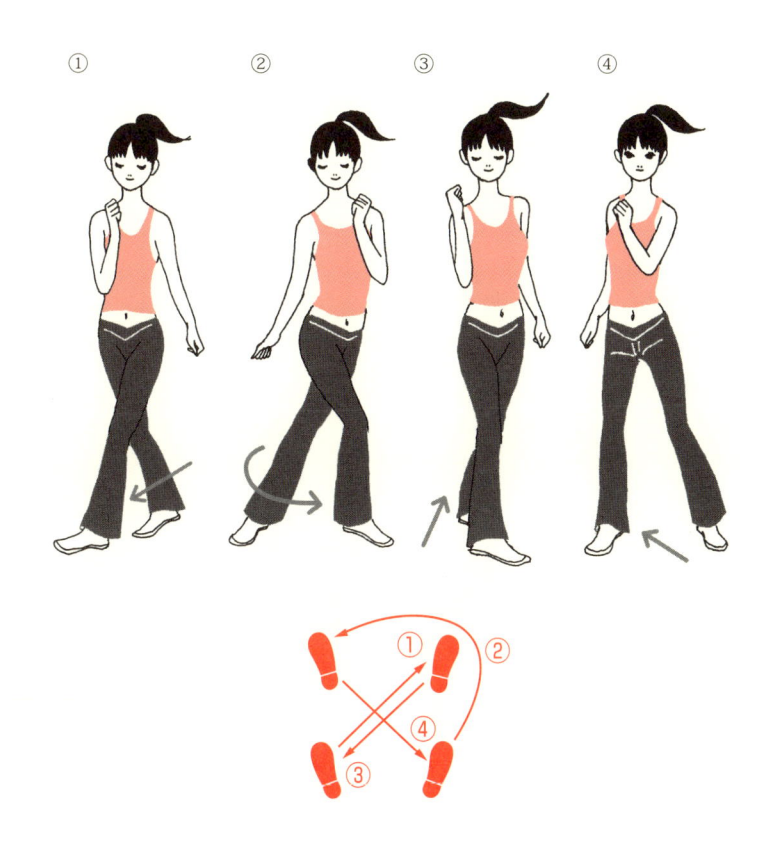

レッグカール

2拍目で足を曲げる基本ステップ。
①右足を大きく1歩、右に踏み出す。②右足に重心をのせ、左足のかかとをお尻に近づけるよう後ろに蹴り上げる。③左足を大きく1歩、左に踏み出す。④左足に重心をのせ、右足を後ろに蹴り上げる。

グレープバイン

ぶどうのつるのように足をクロスするステップ。
①右足を1歩、右に踏み出す。②左足を、右足の後ろでクロスさせる。③右足を1歩、右へ踏み出し、重心を右足に移す。④左足を引き寄せ、つま先で床をタッチ。手を叩いてリズムをとる。
※下のイラストは鏡像（左足から）

マンボー

足を前後、横に軽くステップ。
「フロントマンボー」は①左足を大きく1歩、前に踏み出す。②左足で床を押して重心を軸足である右足に移し、左足を軽く上げる。③左足を大きく1歩、後ろに引き、重心を左足に移す。④左足で床を蹴るようにし、重心を右足に移し、左右を軽く上げる。バリエーションとしてサイドマンボー（横に軽くステップ）がある。

ニーアップ

ひざを上げて下腹をシェイプアップ。
①背筋を伸ばして、左足のひざを、ももが地面へ平行になる高さ以上に上げる。
②左足を下ろし、両足をそろえる。足を変えてくり返す。

　ここまで紹介したステップを組み合わせ、音楽に合わせて踊ります。それぞれのステップが筋肉のどの部位に効くかは違いますので、上手に組み合わせれば、全身が鍛えられます。

　スタジオレッスンなどでは、インストラクターの好みによって音楽の選曲が違い、変拍子になったり、回る動作が入ったりしてさらに難しくなっていきます。スタジオには、ほとんど鏡があるので自分のフォームをチェックすることもできますし、全員が群舞の形になるので、ダンスの動作が揃うととても美しく見えるのがわかります。基本のステップをぜひ覚えて、素敵な群舞の一員になってください。

体力に自信がなければフラダンスは？

　もっとも初歩的でジャンプの入らないエアロウォークを中心に説明しました。まだまだ難しいステップはたくさんありますが、このステップの名称と動き方をマスターすれば、もっと上級なクラスでもどんどんついていけるようになると思います。

　くり返しますが、筋力の弱い方やひざに痛みを抱えている人は、とりあえずやめておいたほうが無難かもしれません。筋力の弱い方や高齢の方は、まずは最初に戻って体つくりから始めてください。ダンスの楽しみを生活に取り入れたい方は、フラダンスなどから始めてみてはいかがでしょう。

　フラダンスはコアをゆっくりとスローに動かすダンスなので、細かい筋肉がついてインナーマッスルが鍛えられ、体つきが美しくなります。また、呼吸との連動で脂肪燃焼効果も得られます。筋肉があまりない人のほうが関節等の可動域が広く、スロートレーニングでなるべく大きく動くことに向いていますから、比較的筋肉が弱ってきた高齢者にもお薦めできます。

　ご存じのようにフラは、ハワイの伝統的なダンスです。文字のない時代から、伝えたいことをダンスで表現していたのです。手の動きの意味など覚えて、表現力も身につけましょう。オシャレな方は独特の衣装に装う楽しみもありますし、なんといっても伸びやかな音楽に合わせて踊ると心なごみますよ。

生涯スポーツ

一生スポーツを楽しむ

60代、70代でも楽しめる

これまでの種目の中から、ずっと楽しんでいけるスポーツをみつけていただけたとしたら、本当にうれしいです。

筆者は、ソフトボールチームの監督兼選手をしていますが、このチームの平均年齢はなんと63歳です。少し前までは「70歳までやろう！」というのが目標でしたが、すでに70歳のメンバーがレギュラーとして活躍していて、しかもパフォーマンスが向上しているのです。

メンバーたちが楽しそうにプレーする姿や、向上心を持った練習姿勢には、尊敬の心を抱くほどです。でも、彼女らは特別の人ではありません。誰でも、スポーツを一生楽しめる可能性があるのだと思います。

スポーツ・栄養・休養

スポーツをすると、体は疲れます。疲れを感じるのは脳なので、メンタル面の爽快感が勝って疲れていないように錯覚しているかもしれませんが、疲労物質が溜まっているのです。

まずは、必ず運動後にクールダウン（ストレッチなど）を行っ

てください。次に大切なのは、休養と栄養です。無理なダイエットのために激しい運動をすると体を痛めます。

スポーツをすると筋肉が必ず炎症を起こします。それを治そうとして成長ホルモンが出て超回復をし、筋肉が強くなるのです。だから練習を重ねると、超回復で種目に合わせた筋肉が発達し、より良いパフォーマンスができるようになるわけです。ただ、炎症が治りきらないうちに、さらに筋肉を使うと、炎症をどんどんひどくしてしまいます。「休むことも練習のうち」とよく言われますが、回復のためには非常にいいことで、根拠があるのです。

長く続けるための体のケア

年齢を重ねると、疲労からの回復がどんどん遅くなっていきます。筋肉疲労の回復を助けるために、アイシングや湿布を活用することを覚えましょう。

ウォーミングアップ、クーリングダウンというように、スポーツの前は体をよく温めて、スポーツ後には冷やすことが原則です。使った筋肉に張りや痛みを感じたら、寝る前に冷湿布を貼りましょう。患部に傷や湿疹がないことを確認してください。

スポーツ直後には、障害の予防や小さな炎症の処置としてアイシングやアイスマッサージが有効です。患部に氷などを当てているか、転がしながら10分から15分ぐらい、皮膚の表面がしびれてくるくらいを目安に行ってください。

テーピング

痛くても休めないとき

　関節や筋肉にダメージを受け小さな痛みがあるけれど、試合があるので休みたくないとか、毎日のウォーキングで足首が少し痛いときなどには、テーピングが有効です。テーピングすると関節の可動域を制限できます。たとえば、ひざを深く曲げると痛いときは、深く曲がらないように固定して痛みを感じないようにするわけです。ただ、テーピングは諸刃の剣です。可動域が制限されることで、関係する筋肉が発達しないという弱点もあります。また、常に使うと皮膚に炎症を起こすので注意が必要です。

　巻くテープの種類は分かれます。それぞれ使う場面が違うので、購入の時には注意が必要です。

○**「アンダーラップテープ」**　足首とひざのテーピングの時に使う半透明のテープ。

○**「非伸縮（ホワイト）テープ」**　伸びないテープで主に固定するときに使う。

○**「伸縮テープ」**　伸びるテープで関節の動きが大きい部位に使う。

「キネシオロジーテープ」　紙からはがすタイプの伸びるテープ

で、運動後や日常生活、ケガの再発防止に使う。

　正しくテーピングをすれば障害を起こした部位の痛みを軽くできますが、間違えると症状が悪化することもあるので注意してください。伸ばすと痛い、曲げると痛い、ひねると痛いなど、まず症状をつかみ、痛い方向と反対側に引っ張るようにテープを貼ってください。巻く強さ（テンション）は、強めのサポーターを巻いている感覚ぐらいがいいでしょう。

　足首を内側にひねる「内反ねんざ」をしたとき、ひざを内側に曲げると痛いけど練習は続けたいというとき、肩が痛くて上がらないときの3つの場合のテーピングの方法を紹介します。

足首のねんざ

①まずはアンダーラップテープを足首を直角にして、足指の少し下側から隙間なく足首の上側こぶし一つ分くらいまで巻く。②非伸縮性のテープをイラストのようにアンダーラップテープの端にきつめに1周巻く（アンカーテープ）。③アンカーテープからくるぶしを通してかかとを回し、小指側のアンカーテープのところまでスターアップテープで引っ張る。この強さにより固定の強度が変わる。これを角度を変えて2、3本。④かかとを固定するため、ヒールロックテープを足首上部に斜めに巻いてから足の甲側を1周させ、また足首にというように8の字を描くように巻いていく。

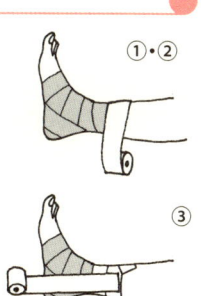

ひざが痛いとき

外側からの力で内側を痛めるケースが圧倒的に多いので、内側に曲げると痛いときの巻き方。①かかとを上げ、重心を前にかけた状態（筋肉が太くなっている）で、アンダーラップテープをすねから、太ももの上のほうまで巻く。②ハードな伸縮テープで上側（太もも）と下側（ふくらはぎ）にアンカーテープを巻く。③内側に曲がる動きを制限するサポートテープを下のアンカーテープからひざのお皿の内側を通すように上のアンカーテープまで引っ張って貼る。2本目は角度をつけて外側から太ももの裏を目指して、同じくひざのお皿のやや下で交わるように貼る。3本目は、1、2本目の中間に貼る。同じく交差ポイントを通るように。

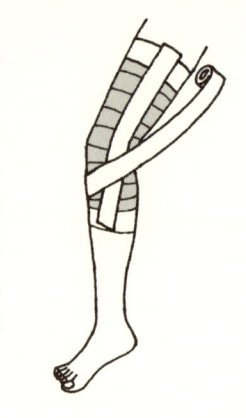

肩

脱臼や四十肩、五十肩で、肩が上がらないときのテーピング。手を腰に当ててリラックスし、肩を上げた状態でテープを貼れば、自然に肩が上がりやすくなり、負担が軽くなる。①自然に首のストレッチができるように首は反対側に曲げておき、キネシオロジーテープをひじの上を起点にしてテープを肩方向に引っ張る。肩の出っぱった骨を通すように貼る。②2本目のテープは、1本目の前側を起点に、肩の出っぱった骨を通して肩口のところまで。③3本目のテープは、1本目のひじの後ろを起点に、肩の出っぱった骨を通して鎖骨まで貼る。

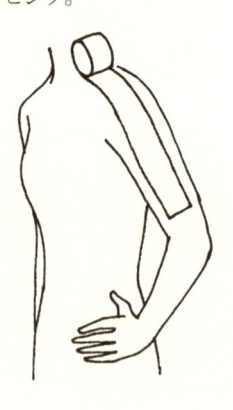

おわりに

　身体や運動に関する科学は、1990年代から21世紀初頭の現在にかけて、急速に発達してきています。普通の人々にとっては、21世紀に入って、ようやく自分の体や健康について科学的に考える基本知識が与えられたともいえるでしょう。

　本書を読んでくださった方は、「おさらい」をされるのですから、スポーツを続けていれば口コミで入ってきた知識でも、この本で初めて接するという方も多いと思います。

　そんな方のために、現場で知られている新知識や理論をできるだけ紹介するように努めました。

　取り上げた種目は、新しい「中学学習指導要領　体育」に挙げられていて、日常生活にも役立つと思ったものです。器械体操は、用具が手に入らないと思いますし、普通の方が参加する大会もありませんので、省きました。

　「体つくり」でもう一度、各種目に取り組む身体を作り上げ、ぜひともご自分に向いた運動種目を見つけ、生涯楽しんでいただけたら、筆者にとってこんなにうれしいことはありません。

2010年春　針谷順子

針谷順子（はりやじゅんこ）

1950年生まれ。東京下町で育つ。高校時代にソフトボールで国体など全国大会出場。中央大学法学部卒業後編集者に。バレーボール、テニス、スキーでも上位の大会に出場。現在、地域のソフトボールチームの監督兼選手。編集工房球主宰。日本体育協会公認スポーツ指導者。

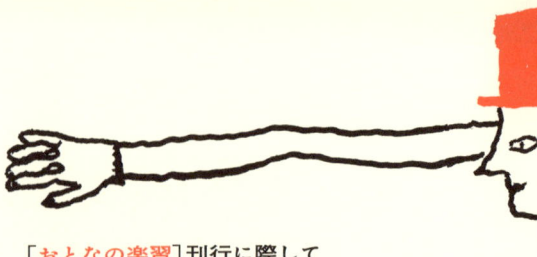

[おとなの楽習]刊行に際して

[現代用語の基礎知識]は1948年の創刊以来、一貫して"基礎知識"という課題に取り組んで来ました。時代がいかに目まぐるしくうつろいやすいものだとしても、しっかりと地に根を下ろしたベーシックな知識こそが私たちの身を必ず支えてくれるでしょう。創刊60周年を迎え、これまでご支持いただいた読者の皆様への感謝とともに、新シリーズ[おとなの楽習]をここに創刊いたします。

2008年　陽春
現代用語の基礎知識編集部

おとなの楽習 13
体育のおさらい
2010年4月5日第1刷発行

著者	針谷 順子（はりや じゅんこ） ©HARIYA JUNKO　PRINTED IN JAPAN 2010 本書の無断複写複製転載は禁じられています。
編者	現代用語の基礎知識編集部
発行者	横井秀明
発行所	株式会社自由国民社 東京都豊島区高田3-10-11 〒 171-0033 TEL 03-6233-0781（営業部） 　　 03-6233-0788（編集部） FAX 03-6233-0791
装幀	三木俊一＋芝 晶子（文京図案室）
DTP	武蔵谷明日香（NAP）
印刷	大日本印刷株式会社
製本	新風製本株式会社

定価はカバーに表示。落丁本・乱丁本はお取替えいたします。